蔡瀾 Chua Lam's Top 2005

Eateries

100

精选

Contents

Singapore 新加坡

Shanghai Hangzhou Guangzhou Shenzhen 上海 杭州 廣州 深圳

Hong Kong 香港

Macau 澳門

"最好的人生，就是儘量地吃吃喝喝。"

他一直就是秉持著這種人生觀，把吃喝玩樂當成正業，也以吃喝玩樂創出一個名堂來。

他週遊列國，嚐盡珍饈百味，然後以輕鬆活潑的文筆，將其忠實的味蕾記錄下來，與讀者共享。

他不是廚師出身，卻經常受邀擔任日本電視節目"料理鐵人"的評審，還贏得許多廚師夢寐以求的榮譽。

他，就是蔡瀾。

About the Author

"The best thing in life is to eat and drink to your heart's content."

He has always abide by this philosophy, and regards eat, drink and merriment as his formal occupation, even making a name for himself from that too.

He travels around the world to savour all kinds of cuisine, and then pens light-hearted yet honest articles about his culinary escapades to share with his readers.

He is not trained as a chef, yet is often invited to be a judge on cooking programmes on Japanese TV and even wins accolades that many chefs could only dream about.

He is Chua Lam.

自序

這本書供應的資料，全憑我個人經驗組成。自問對於味覺是忠實的，不欺讀者。

食物很私人化，許多因素都能影響同一樣菜的喜惡，像你的肚子還不餓、當天身體狀況不佳、同桌上出現了一個你不喜歡的人等。我所推薦的，你去吃時，感覺和我不一樣，這絕對不出奇。

但凡事總有一標準，怎樣才算是一間好餐廳？答案簡單得很：全靠比較。

從那麼多家食肆中比較，篩選再篩選，剩下的只有這些了。

書的序，不應太長，長了不如另寫一本書。我的書，多數沒序，也沒請人作序，如果那人寫得比我好，那麼應該去買他的書。自序的話，書你已購買，寫得差，也只有請各位忍耐一下了。多多包涵。謝謝。

十大精選

10 Must Try

HUAT KEE
TEOCHEW
RESTAURANT

發記
潮州酒樓

皮一咬下去，有如餅乾
在嘴中炸開，嚼出
香液。 的確好吃，而且保留
豬的美味，不會因過焦而失真。

🏠 新加坡廈門街74號

☎ (65) 6423 4747

🕐 11am-2:30pm, 6pm-10pm

🚌 乘地鐵至丹戎巴葛 (Tanjong Pagar) 站下
車，從G出口走約五分鐘即達，本店就在
大伯公廟同一排

🍽 燒乳豬、蒸鯧魚

🏠 74, Amoy Street, Singapore

☎ (65) 6423 4747

🕐 11am-2:30pm, 6pm-10pm

🍽 Suckling pig, steamed pomfret

The skin is so crunchy that it feels like a
piece of crispy biscuit exploding in the mouth.
The savoury juice is fragrant and retains the
taste of the pork.

香港的傳統潮州菜館，已一間比一間少；新加坡還存數家，"發記"是其中之一。

和香港菜很大不同的，是他們的燒乳豬。香港乳豬燒得脆啪啪的，皮都一粒粒地爆了出來；新加坡乳豬則是燒得皮很光滑，絕不冒泡，顏色金黃。

光滑豬皮怎麼會脆呢？香港去的朋友都問，妙就是妙在這裏。皮一咬下去，有如餅乾在嘴中炸開，嚼出香液，的確好吃，而且保留豬的美味，不會因過焦而失真。

此店燒全乳豬有兩款，分南乳燒豬和五香燒豬，任人選擇，但要早一日預訂。價錢比香港便宜得多，一般上，在香港吃過，到其他任何地方都不會感到比香港貴。

另外很精彩的是蒸鯧魚，用一個很大的盆子上桌。大尾的鯧魚蒸得濕濕的，湯水很多，像是在盆中游泳。魚上面鋪有冬菇絲和酸姜絲吊味，一點也不覺腥，是潮州人烹調技術的頂尖。鯧魚在香港沒什麼人吃，但是在新加坡屬於最貴的魚之一。雖然不是游水海鮮，但價錢不低於蘇眉或老鼠斑。

"發記"老板李長豪兄，是該店的第二代傳人。我父母親和他爸爸相熟，我們可以說是同一輩人，他對我很親切，跑過來問："味道怎麼樣？"

"不行！"我大叫。

他嚇了一跳。

"鯧魚上面要鋪上幾片肥豬肉呀！"我假裝抗議，其實我知道現在大家都怕吃這些東西，長豪兄才不加上去的。

"你下次來，特別爲你做。"他笑著說。

詠藜園

WING LAI YUEN

這裏的擔擔麵，湯汁又濃又香又辣。 與 "詠藜園" 的擔擔麵比較，其他菜館的只能用一句 "淡出鳥來" 來形容。

香港九龍紅磡蔡瀾美食坊黃埔花園102-105號舖

☎ (852) 2320 6430

🕐 11am-3pm, 6pm-10:30pm

🚌 從荃灣乘30X巴士，或從尖沙咀乘六号巴士至黃埔花園站下車

🍽 白切肉、紅油炒手、四川擔擔麵

102-105, Whampoa Garden, Wonderful Worlds of Whampoa, Hung Hom, Kowloon, Hong Kong

☎ (852) 2320 6430

🕐 11am-3pm, 6pm-10:30pm

🍽 Pork cold dish, spicy dumpling, Sichuan Dan Dan noodle

The gravy of the Dan Dan noodle is thick, fragrant and spicy. After tasting Wing Lai Yuen's Dan Dan noodle, there are only two words to describe those sold by other restaurants — "extremely bland".

常聽到人家說，要吃四川菜的話，一定得老遠去到台灣，香港沒有什麼特別好吃的四川菜。這話也有點道理，一般香港的四川菜館，多數是以便宜取勝，騙騙蘿蔔頭遊客。只有"乾坤閣"的還不錯，但嫌鬼佬味太重。

現在要推薦香港唯一一間正宗的四川菜館，名叫"詠藜園"，招牌並不標榜四川，而只是寫"川滬"菜館，其實"滬"的上海菜，在這裏並不好吃。

吃四川菜，只要叫擔擔麵，就分層次，絕對騙不了人。這裏的擔擔麵，湯汁又濃又香又辣。與"詠藜園"的擔擔麵比較，其他菜館的只能用一句"淡出鳥來"來形容。

紅油炒手的水準也極高，剛剛接觸四川菜的人，單看菜名，以為是什麼豬蹄之類，其實它是辣油撈雲吞。"詠藜園"的紅油炒手，每一粒雲吞都包得肥肥胖胖，樣子可愛到極點，入口更覺得它是仙人食品。

白切肉的秘訣在於它的醬味，這裏的白切肉、大蒜、辣椒控制得好，和醬油融化，是一絕。其他的螞蟻上樹、魚香肉等，都不會令人失望。

CHONG FAT
CHIU CHOW
RESTAURANT

創發
潮州菜館

叫了一碟鵝肉，下面鋪著熟花生，
鵝肉肥、滷味夠，
不錯。

🏠 香港九龍九龍城城南道62號

☎ (852) 2383 3114

🕐 11am-12mn

🚌 從尖沙咀乘1、5、9等號巴士至九龍城舊
機場站下車

🍽 凍蟹、滷水鴨、胡椒粉腸豬肚湯

🏠 62, South Wall Road, Kowloon City, Kowloon,
Hong Kong

☎ (852) 2383 3114

🕐 11am-12mn

🍽 Cold crab, pot-stewed duck, pig's stomach soup

*T*he goose meat comes with a layer of
boiled peanuts underneath. The fatty meat
and the thick gravy makes this a wonderfall
dish.

靠近花墟的那一段花園街，本來是個冷清的死角，早市已做不成，夜宵更是沒有人涉足。但是"創發潮州菜館"的老闆藝高膽大，在這裏創業，果然發了，死角又變旺角。

"和九龍城的創發有沒有關係的？"我笑著問夥計。

"姑表關係。"在裏面的經理羅志瑩聽到了，走出來解釋："用創發這個名字，當然要得到長輩們的同意。"

"後面洗衣街那間海鮮火鍋，也是你們開的？"

"是。"羅小弟說："我們在菜市中長大，進貨新鮮便宜，算是我們的運氣。"

這裏的"創發"，和九龍城"創發"所賣的東西截然不同，打冷味重。

叫了一碟鵝肉，下面鋪著熟花生，鵝肉肥、滷味夠，不錯。

有鵝肉不吃鵝腸怎行？但鵝腸吃多生膩，就問夥計可不可以來個滷豬大腸和白灼鵝腸雙拼？

夥計回答："客人想怎樣就怎樣。"

帶我去創發的是吳先生一家，今晚和他們一家四口一齊宵夜，一間吃了又一間，最後來到這裏。小吳先生喜歡吃滷水蛋，來了兩隻，我也嚐了一隻的四分之一，還可口。

小吳小姐不愛吃粥，叫了碗白飯，我又請夥計拿了兩個鹹蛋讓她下飯。上桌一看，吃一吃，蛋黃處名符其實的肥到漏油。

吳先生和我不太吃東西，猛灌啤酒，夥計幫我們倒完一瓶，把瓶子往路邊的那個大竹籮扔去，已是滿滿的。夥計說一晚要扔四大籮，我問空玻璃瓶是不是可以換取現金或廁紙之類？夥計回答這已不是斤斤計較的時代，這些廢瓶當了垃圾婆的福利，而垃圾婆也感恩，幫忙將店門口打掃乾淨。

鹿鳴春 SPRING DEER RESTAURANT

除了鴨子，那鍋雞燉翅也是必嚐的，火候足夠的時候，湯極濃，富膠質，會把舌頭也黏起來，吃時一定要用大饅頭來沾。

🏠 香港九龍尖沙咀麼地道42號2樓

☎ (852) 2366 4012

🕐 12nn-11pm

🚌 乘地鐵至尖沙咀站下車，從 D2 出口沿加
拿芬道走至第二條街口，轉進河內道直走
至麼地道即達

🍽️ 北京填鴨、雞燉翅、賽螃蟹

🏠 2F, 42 Mody Road, Tsimshatsui, Kowloon,
Hong Kong

☎ (852) 2366 4012

🕐 12nn-11pm

🍽️ Peking duck, shark's fin, fish with scrambled egg

*B*esides the duck, another must-eat here is the shark's fin. The gravy is so thick and gluey that it will stick the tongue together. Dip a bun into the gravy to taste its greatness.

"鹿鳴春"也是間老字號，雖然大衆都說老舖裝修之後，味道就變了。但是我對老字號有偏好，因爲不管他們怎麼換師傅，都會保持一定的水準。

說到"鹿鳴春"，當然是忘不了北京填鴨。這裏的鴨子，許多人吃過，都說不會差過大陸的名店。

叫了鴨子，千萬別只吃皮那麼浪費，肉可炒絲，骨頭煮黃芽白。不喜歡飲湯，也要將鴨殼子打包回去，翌日滾它一滾，加大把蔬菜，是頓豐富的早餐。

除了鴨子，那鍋雞燉翅也是必嚐的，火候足夠的時候，湯極濃，富膠質，會把舌頭也黏起來，吃時一定要用大饅頭來蘸。奇怪得很，饅頭一點味道也沒有，怎麼能變成山珍海味？

京菜中的油泡二鬆，是下啤酒的最佳選擇，此味餸不填胃，故不影響酒精上腦。要吃飽的話可叫蔥爆羊肉等典型的菜，這裏的賽螃蟹也燒得不錯，用蛋白和魚肉假之，上面再打一個蛋黃，拌了之後，叫洋鬼子朋友或東洋蘿蔔頭嚐嚐。他們吃過，問他們是什麼肉，都大叫："螃蟹！螃蟹！"

從前，"鹿鳴春"的老闆每晚都和客人猛灌烈酒，從不拒絕乾杯，但近年身體差了一點。

去"鹿鳴春"一定要訂座，那裏每晚客滿，那樣衝了進去，就是多年老友，也不賞面子，可能是老闆已經戒酒的緣故。

TIEN HEUNG LAU RESTAURANT

天香樓
（珍記）
杭州菜館

"天香樓" 的花彫，喝冷的好過喝熱的，保證讓你飄飄然，而且最奇怪的是，喝完走出，涼風一吹，即刻清醒，又可以到別處大喝下去。

🏠 香港九龍尖沙咀柯士甸路18號C地下

☎ (852) 2366 2414

🕐 12nn-2:30pm, 6pm-10pm

🚌 的士是最便捷的方式

🍽 龍井蝦仁、蟹粉拌麵、燻田雞腿

🏠 18C, Austin Ave., Tsimshatsui, Kowloon, Hong Kong

☎ (852) 2366 2414

🕐 12nn-2:30pm, 6pm-10pm

🍽 Long Jin shrimp, crab noodle, smoked frog leg

The Hua Diao wine in Tien Heung Lau is better drank chilled than warm. After a round of drinking, the cool air outside will sober you up instantly, and you can continue to drink to your heart's content at other places.

寫過"天香樓"，但還是要再寫一次。《明報》做調查，要我們推舉五家全港最好的館子。叫我多選十次，"天香樓"還是我的首選。

查先生請倪匡兄，我陪客。問查先生說："在英國，有沒有像天香樓的館子？想念不想念？"

查先生微笑不語。

"天香樓"的茶，說什麼都是舉世無雙的。

冷盤的醬鴨、馬蘭頭、鴨舌、凍肉、火腿、素鵝、海蜇。唉，唉，還有油爆蝦，不必點其他菜，已經足夠下酒。

不看菜單，我已經可以把"天香樓"的菜色背出來。

當然，在蟹的季節裏，那是主要的目的。平時隨便點幾樣，也從來沒有讓我失望過。別說這是不重要的，倪匡兄的主意是吃一頓好的，賺一頓好的。把時間白白浪費在那種又貴又下三爛的館子，是多麼可惜。

說到貴，"天香樓"的確是貴。

他們只有七八張桌子，廚房卻擠滿了大師傅，不貴怎麼行？

但是不要讓"天香樓"是吃貴嘢的地方的傳說把你嚇跑，初嚐的時候，可以由他們的一桌菜吃起。一桌12個人吃，2000多元，加上飲品，最多也不會超過3000元。目前四個人吃3000元的粵菜館多的是。

那一桌東西，已經有上述的冷盤，加糖醋魚、龍井蝦仁、燻田雞腿、鱔糊、塔菜、蓴菜魚圓湯、全鴨砂窩雲吞等，最後有八寶飯和酒釀丸子上桌，一切超水準，包你吃個飽飽，拍著肚子走出來。

不過這一介紹，大家都只叫這一桌東西，豪客擠不進去，韓老闆又要來罵我了。

　　當然3000元不包括酒，酒一喝，更厲害了。去"天香樓"不喝他們的花彫，是人生憾事。帶過一個餐酒專家的外國朋友去，他試過花彫之後，佩服得五體投地，對中國酒的壞印象即刻消除。"天香樓"的花彫，喝冷的好過喝熱的，保證讓你飄飄然，而且最奇怪的是，喝完走出，涼風一吹，即刻清醒，又可以到別處大喝下去。

LUK YU TEA HOUSE & RESTAURANT

陸羽茶室

這裏的炸醬麵和北方做的完全不同，一吃上癮。炒飯比揚州的更好吃。至於最普通的點心，甜的有蛋撻仔，都是百吃不厭的。

🏠 香港港島中環士丹利街24-26號

☎ (852) 2523 5464

🕐 7am-11pm

🚌 乘地鐵至中環站下車，從D2出口走約五
分鐘即達

🍽 燒雲腿鴿片、炸醬麵、白肺湯

🏠 24-26, Stanley Street, Central, Hong Kong

☎ (852) 2523 5464

🕐 7am-11pm

🍽 Egg ham-roll, noodle in fried bean sauce, pig's
lung soup

The noodle in fried bean sauce is done differently from the North, whereas the fried rice is better than Yangzhou fried rice. As for the dim sum, sweet ones such as the egg tarts are really good.

"陸羽茶室"是香港僅剩的老茶館之一，充滿藝術气氛，世界上再也找不到第二家。可惜在中環上班的一族匆匆走過，有許多人還沒注意到這塊招牌。

特色在於水滾茶靚，每個星期印刷點心名單，從幾年幾月幾日起，客人現點現蒸，絕不苟且。要求這麼高的地方，你去全球找給我看看。

就算你是熟客，有很多做得最出色的點心，還是有很多人不懂得點。原味做得最好的是燒雲腿，把火腿浸在蜜糖中半個月，包了蛋，煎後切片。喝茶送酒的食物，到了這種境界，已不羨仙。鷓鴣粥經長時間煲出，可口又有益。

這裏的炸醬麵和北方做的完全不同，一吃上癮。炒飯比揚州的更好吃。至於最普通的點心，甜的有蛋撻仔，都是百吃不厭的。

專為出家人做的茶具，一絲不苟。如果你對那發亮的銅火柴架有興趣，千萬別順手牽羊，另有一專櫃出售。當中也有一餅500元到10,000元的老普洱。

室內裝修，皆為40、50年代藝術，後來在香港出現的許多懷舊式餐廳，都是抄襲"陸羽"的。壁上掛著傅心畬和張大千的名畫真跡，都是"陸羽"的徒子徒孫模仿者做不到的。

晚上宴客，有一個很精緻的小廳，是文人雅士的集中地。

一般人都有一個印象，認為"陸羽"的夥計態度傲慢，或者說得不錯，不過從前中環、上環一帶的商店，所有的夥計都是傲慢的。但熟了之後，便是一生的朋友。

要談"陸羽"，多少篇幅都不夠，末了，埋單，還用毛筆記賬呢。

萬壽宮 FLOWER DRUM

第三道上塔斯曼尼亞生蠔，比法國貝隆還肥大。這還不止，其肉有陣香味，是別的蠔種缺少的。

🏠 澳洲墨爾本市集巷17號

☎ (613) 9662 3655

🕐 周一至周六：12nn-2:30pm, 6pm-10:30pm;
周日：6pm-10:30pm

🚌 乘火車至 Parliament 站下車，走約六分鐘
即達

🍽 海鮮、北京鴨

🏠 17, Market Lane, Melbourne, Australia

☎ (613) 9662 3655

🕐 Mon-sat: 12nn-2:30pm, 6pm-10:30pm;
Sun: 6pm-10:30pm

🍽 Seafood, Peking duck

*T*he third dish was Tasmanian fresh oysters. They are bigger than Belon oysters of France. In addition, they are distinctively fragrant, which is lacking in other types of oysters.

在墨爾本吃飯，當然不能少掉"萬壽宮"，當地的鬼佬叫它"Flower Drum"，是當年"花鼓歌"一曲流行過，名字從此而來。衛慧來過，至今念念不忘，但她只記得是叫"Flower Drum"，中文名不知叫什麼。

老闆劉先生知道我帶的是一團廣州人，其中很多團友也是開餐廳的，口味奄尖得很，不能讓我沒面子。我一點也不擔心，雖說是帶隊，但什麼事都不用做，只是坐下來吃而已。

第一道菜上大龍蝦，足足有八九公斤重，頭切下來，木瓜般大。這種大小的龍蝦做起刺身來才夠一桌人吃，處理得比日本師傅還乾淨，切片後過冰水河，肉非常爽脆。澳洲龍蝦又不受污染，大家放心吃，都說比日本料理更佳，眾人讚不絕口。

第二道上的也是刺身，一片片紅紅的肉，當成是三文，並不出奇。但一進口才知一點也沒有三文的異味，鮮甜到極點，原來是海鱒。鱒魚多數是淡水養的，這種海鱒特別珍貴，當今又是最肥的時期，滿身是油。

第三道上塔斯曼尼亞生蠔，比法國貝隆還肥大。這還不止，其肉有陣香味，是別的蠔種缺少的。我建議什麼茄汁檸檬等都不加，以海水當醬，原汁原味，滿口香甜。

第四道要有點東西暖胃才行，劉先生早已燉好了一大鍋袋鼠尾巴，材料十足，湯濃郁得像會黐住匙羹，眾團友大叫這麼補，今晚怎辦？

第五道上澳洲最好的牛肉，原來是拿了日本神戶牛種在這裏養大的，取出兩條腍頭肉，略為燒了一燒，外熟內生，切片後上桌。雖然美味，但已吃不完，太飽了。

跟著的八道菜極之精彩，吃得那群餐廳老闆口服心服，到最後只剩下我在舉筷。我是老客人，知道劉先生的菜豐富，每一道只試一點點。別人眼光光，我還在吃雲吞。

PHO DUNG 勇記

任何時間，這家河粉專門店都擠滿了客人，聽說有一天澳洲總理來吃，也得排隊。

澳洲墨爾本列治文區維多利亞街208號

☎ (61 3) 9427 0292

🕐 8am-9pm

🚌 乘109路電車

🍴 牛肉河粉

🏠 208, Victoria Street, Richmond, Melbourne, Australia

☎ (61 3) 9427 0292

🕐 8am-9pm

🍴 Beef flat rice-noodles

*T*his 'flat rice-noodles' specialty eatery is
packed with people at any one time. Apparently,
even the Australian Prime Minister had to queue
for it when he once visited the shop.

越 南菜之中，我只喜歡吃他們的牛肉和雞肉湯粉 PHO。

當然，最好吃的已經移民到法國巴黎去，香港至今還是找不到一檔稱心合意的。

PHO 的吃法和味道不下數十種之多，但分兩大類，一種是湯極濃郁，含多種香料；另一種是清淡的，以雞或牛骨熬出來。

印象中，在澳洲也吃過一碗好吃的牛肉湯粉，這次到墨爾本，遇越南華僑朋友海哥和鏗哥，問說："此地還有地道粉可吃嗎？"

他們即刻帶我到一家叫"勇記"的去試。"勇記"一共開了三家——羅素街、車站街和維多利亞街，只有越南埠的維多利亞街那家味道靠得住，友人說。

任何時間，這家河粉專門店都擠滿了客人，聽說有一天澳洲總理來吃，也得排隊。

等了一陣，終於坐下。我要一碗寫著"特別"的牛肉粉。

所謂"特別"，第一是碗很大，分量足，肉也多，可以另外加一兩味，我加了一個牛鞭。友人問：吃得消嗎？我說這把年紀，多吃一頓，也起不了作用。牛鞭沒有異味，比牛筋軟熟，就此而已，並非吃來進補。湯進口，的確香甜。

"這裏有牛血，吃不吃？"夥計問。

當然。要了一份，以為是血淋淋的，但上桌時一看，原來是用極滾的牛骨湯，把新鮮的血一撞，即刻結成豆腐般的塊狀，並不恐怖，而且相當清甜可口。

芽菜可以生吃，也能請店員燙熟，加上金不換葉子，還有大量的辣椒或是他們供應的沙茶醬，那麼大的一碗，可連吃三大碗。

佐加和 SAGAWA

真正好吃的，叫"佐加和"(Sagawa)。
這家店已將天婦羅化成
藝術，是全日本最高級的食府之一，
全店只能坐八個客人。

🏠 日本東京都中央區新富1-5-8

☎ (81 3) 3551 3669

🍽 天婦羅

🏠 1-5-8, Shintomi, Chuoku, Tokyo, Japan

☎ (81 3) 3551 3669

🍽 Tempura

This restaurant has turned tempura into an art. It is one of the first-class eateries in the entire Japan and only has room for eight customers.

日本料理的最高境界，是天婦羅。

炸蝦嘛，誰不會？中國人炸得比他們拿手。

沒有吃到好的才這麼說。我最先也那麼認為，後來嚐遍日本菜，結論還是天婦羅最為深奧。

綜合了材料的新鮮、油的品質和溫度，做出來的東西皮薄又不膩。日本師傅說"炸"這個觀念要改正。天婦羅是將生的食物變成熟的一個"過程"。

太多人問我日本的天婦羅店，哪一家最好？我都回答說：你去"天一"吧！其實"天一"只是比一般的水準高了一點點。真正好吃的，叫"佐加和"（Sagawa）。這家店已將天婦羅化成藝術，是全日本最高級的食府之一，全店只能坐八個客人。

至今為止，我不推薦給各位是有原因的。要是我介紹的人臨時有事不去了，連我也會被列入黑名單，以後再也去不了。

"佐加和"躲在一條小巷子裏面，門面破落，是座30年代的建築物。去過之後，才知道是一種人生經驗。

所用的游水蝦和魚，都是從東京灣來的，甜品中的蜜瓜甜到漏，不符合這兩個條件就不開門。東京灣的魚已漸少，用的 Kisu 或 Hase 一天只能爭到50尾左右。東京一千多萬人口之中，每天也只有這八個人可以品嚐得到。新鮮的游水蝦，更是不停供應，吃到飽為止。那麼珍貴的材料準備好了，客人不來，損失不菲。

今夜再去，難得看到還有一兩個空位，問老闆佐川和男，才知道經濟不景，一客20000円的高級料理也難做了。現在得到佐川先生的同意，向各位公開。去之前千萬要訂位，說有我介紹，不過千萬別爽約，否則我就變成了罪人。

DAIICHI 大市

湯一喝進口，無比的甘甜，能用
山瑞滾出那麼好的
湯，是登峰造極了，一喝便上癮。

🏠 日本京都市上京區下長者町通千本西入六
　　番町371

☎ (81 75) 461 1775

🕐 12am-1pm, 5pm-7:30pm (周二休息)

🍴 山瑞

🏠 371, 6ban-cho, Senbon-nishi-iru, Shimochojamachi-
Dori, Kamigyo-ku, Kyoto, Japan

☎ (81 75) 461 1775

🕐 12nn-1pm, 5pm-7:30pm (closed Tues)

🍴 Turtle soup

*A*s one savours the soup, one is attracted to its
definitive flavor. Brewing such great soup with turtle
as stock is certainly a formidable display of culinary
skills. One spoonful is all that is required to get addicted.

去京都，非到"大市"不可。這一家人專賣山瑞。老闆已是第12代的傳人。

店裏沒有餐牌，客人一坐下，來三道菜罷了，就要收你1500多塊港幣一客。

先來一小碗的紅燒山瑞當前菜，用醬油和酒蒸熟兩小塊五元硬幣般大的山瑞而已。入口香味傳來，肉入口即化。

"沒想到山瑞那麼好吃！"初試此道的人驚歎。這種鱉類，不是人人能接受的。

接下來是主菜，用一個陶缽上桌，缽比一般的日本沙鍋扁平，是吃山瑞專用的。

裏面有幾塊肉，其他的材料一概不加。

好傢伙，這就要收那麼多錢。

穿和服的女侍應用調羹把湯舀進一個茶杯裏，放在客人前面。

桌上有湯碗，爲什麼不用？何必放進茶杯，多此一舉？原來是下馬威。

湯一喝進口，無比的甘甜，能用山瑞滾出那麼好的湯，是登峰造極了，一喝便上癮。

接著才把肉放進碗中再加點湯，客人一下吃光，再添一碗。

"放點日本清酒，湯更甜。"女侍應說。

果然，味覺又高一層。

吃完山瑞湯，最後是把白飯倒入湯中，滾爛後打個雞蛋進去，就這麼上桌。

本來已經飽得不得了，吃一口粥，天下美味，又不能停筷，連吞三大碗才罷休。

"湯要熬多久，加什麼藥材？"我又問。

"一下子就好，只加鹽和酒。"

"怎麼可能做得那麼好吃？"我不信。

女侍應笑著說："獨沽一味做了300年，不好吃也得好吃，不然早就倒閉了。"

新加坡

Singapore

廈門街101-102號
101-102, Amoy Street

☎ (65) 6323 1612

🕐 10:30am-3pm, 5:30pm-10pm

🍴 福建炒麵、蝦棗、紅燒扣肉
Hokkien mee, prawn balls, stewed pork

LAU HOCK KIAN 老福建

與其說炒，不如說燜，福建麵和豬肉、大頭、鮮魷、青菜等配料炒熟後，再淋上湯汁，燜它一燜，麵條才入味，是百食不厭的福建文化。

The mee, pork strips, mussels, squids and vegetables are stir-fried before pouring in the stock. They are then left to simmer for the flavour to sink in. This is a time-tested way of preparing Hokkien food.

也不是每一家新加坡的老食肆都失水準，像從前開在老吧剎裏頭的"老福建"，就愈做愈精彩。

去"老福建"最主要的是吃它的福建炒麵。與其說炒，不如說燜，福建麵和豬肉、大頭、鮮魷、青菜等配料炒熟後，再淋上湯汁，燜它一燜，麵條才入味，是百食不厭的福建文化。很可惜香港沒有此味可嚐，那麼多的福建人住在北角，卻炒不出地道的福建麵。

除了麵，蝦棗也是著名的，用豬網油包裹鮮蝦茸，再拿去炸。

麵裏面的"大頭"，是一種巨型的蛤類。香港少見，肉極肥美。吃福建炒麵時只有數粒，吃不夠喉，另叫一碟，炒得又香又辣，甜美的汁，還可以用來淋白飯，連吃三大碗。

不喜歡吃白飯的話，可叫扣肉包，這是福建的紅燒扣肉，做法與廣東、上海人、客家人做的不一樣，不加冰糖，半紅燒半滷，味道絕不遜色。扣肉切成片，夾著大包吃，單單一味，也能飽肚。

清蒸魚是鯧魚，鯧魚離水即斃，沒有游水的，香港人不愛吃，但在福建和南洋一帶，此菜可出廳堂，是所謂的上桌菜，豪華餐宴才吃得到。

又講回麵，炒的配料一樣，有米粉、冬粉、麵線和河粉供選擇。麵線極為難炒，一下子就糊了，只有福建師傅才對付得了。

要吃南洋風味，此店也有"馬來風光"，那就是蕹菜炒馬來盞，很惹味，香港客最喜歡此道菜。

"老福建"搬到新址，最近連隔壁的那家也租下，才夠位招呼客人。去新加坡，不到此店試試，是個損失。老闆叫黃有基。

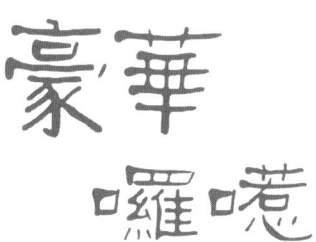

🏠 黄埔通道熟食中心第90座#01-641
#01-641, Blk 90, Whampoa Drive, Balestier
Food Market

☎ 11am-9pm
周二休息 closed Tuesday

🕐 10:30am-3pm, 5:30pm-10pm

🍽️ 囉喏
Rojak

HOOVER ROJAK

加入蝦頭膏之後，放糖、花生末、亞參水、辣椒膏，胡亂地攪它一通，才將蔬菜加入。其味道甜、酸、苦、辣，好像人生。

The prawn paste, sugar, peanut powder, tamarind water and chilli paste are mixed together in a haphazard manner, and then the vegetables are tossed in. The taste is sweet, sour, bitter yet spicy, just like life itself.

囉 喏（Rojak），是馬來人的沙律，將黃瓜、粉葛、菠蘿、豆卜、芽菜、通心菜等切片後扔進一個小型面盆般大小的陶碗，加醬料，用一枝銅或鐵的湯匙調拌之，即上桌。

醬料方面極複雜，主要是一種黑漆漆的蝦頭膏，檳城做的最好。是不是真的用蝦膏製成？我可懷疑，哪來那麼多膏？大概是把蝦頭蝦殼淹漬，加麵粉炮製的東西。

蝦頭膏腥味極重，吃不慣的人一聞就要作嘔。但像愛芝士或鹹魚一樣，吃了上癮。加入蝦頭膏之後，放糖、花生末、亞參水、辣椒膏，胡亂地攪它一通，才將蔬菜加入。其味道甜、酸、苦、辣，好像人生。

新加坡的每一個熟食中心都有一間賣囉喏的，但水準已一檔不如一檔，一天不如一天了。最好吃的囉喏，在哪裏？

答案是黃埔通道食物吧剎大牌檔90號，檔位641的"豪華囉喏"。

到了黃埔熟食中心，不必怕找不到，人龍排得最長的，就是這家。

老闆叫林岳寶，乳名亞細，人卻長得高大，做囉喏生意數十年，他用的銅匙拌囉喏，幾個月就要磨平一枝。

林亞細的囉喏加了皮蛋、海蜇、芫荽和蔥，又撒上大量的生磨花生末，一試就知輸贏。天下第一不敢說，星洲第一絕無問題，但是除了馬來西亞有囉喏，其他地方不見有人賣。吃遍馬來西亞，也沒那麼好的，也可以算是天下第一吧。

囉喏要吊味，最重要的是靠一種叫山薑花的東西。名雖叫山薑，但不屬薑科植物，像一管倒掛的大毛筆，做菱形尖錐狀，粉紅顏色，將它剁碎，加入，味才完美。我一直以為這是香蕉的花，今天聽亞細哥講，才知認錯了幾十年。

仰光路208號
208, Rangoon Road

☎ (65) 6294 6500

🕓 6am-2pm
周一休息 closed Monday

🍽 潮式肉骨茶
Teochew pork rib soup

NG AH SIO PORK RIB SOUP EATING HOUSE

黄亞細
肉骨茶餐室

熬豬尾的湯，顏色較黑，因豬尾皮厚，要重手才入味。啃著骨頭，實在好吃。

As the skin on the pig's tail is thicker, more ingredients are needed for the flavour to sink in, hence the soup for boiling tails is deeper in colour. The bone tastes really good.

"黄亞細肉骨茶"開在仰光路。一座大廈的角落位，有幾棵大樹，客人可以坐在咖啡店中或樹陰下，我們當然選擇後者。

桌旁擺著一個鐵架，下面有炭爐，煲著滾水，水壺的柄亦爲鐵製，但不傳熱。水一沸，便以此沏茶。

茶葉是用紙包著的，比舊火柴盒厚一點罷了，包著半兩左右的茶葉，通常受歡迎的是鐵觀音。

裝入紫砂壺，一包的分量恰好。先打開紙張，用手抓一抓茶葉，碎的留下，粗的撥開一邊。先裝前者，用粗葉當成過濾最後才放。這麼一來，沏出來的茶便不會有細葉。

第一鋪是不要的，倒出來洗小杯。最小的茶壺可沏四杯。依人數而定，用大的有七、八杯。

大清早，一面飲茶沖胃，一面等待食物上桌，大概分以下數種：淨排骨、豬尾、豬腰、豬膶、粉腸、唐蒿菜和剪成片的油條。

白飯另上，配有一小碟醬油。紅辣椒絲是由客人自由添加，嗜辣者貪心地拿，小碟中只看到辣椒，不見醬油。

裝食物用的是八角碗，碗底很淺，湯汁並不多，喝了一口，又香又甜。和馬來西亞巴生喝的肉骨湯比較，又有另一番風味，兩者絕不相同。

"我們是潮州做法，湯很清。"老太太說："馬來西亞是福建派，湯濃。"

"黃亞細是什麼人？"我問。

"我丈夫。"老太太回答後，又忙著招呼其他客人。

這時整間店已經坐滿，黃亞細肉骨茶從早上六點鐘開始，就一直有人等位。

另有一位肥胖的老兄走過來和我聊天。年紀只有40多，不像是太太的先生，問他是誰。

「我是黃先生的結拜兄弟。」

「黃亞細本人呢？」我問。

「哦，他在廚房裏，不出來。」結拜兄弟回答。

「生意那麼好，要不要來香港開一家？」

「好呀。」結拜兄弟說：「你請我去，我到香港幾個月，把做法都教給你。」

「真的？」

結拜兄弟笑了：「不過，你開不成的。」

「爲什麼？」我說：「香港也有很多人喜歡吃肉骨茶呀。」

「嘆肉骨茶，要慢慢欣賞。」他說：「你們香港人生活那麼緊張、那麼忙，誰有工夫花時間沏茶？店租貴，客人賴著不走，也不是辦法。」

說得真是有點道理。

「而且，我們看到客人喝完了湯，會多添一碗。」他說：「但是新加坡人很守本分，最多只敢要一兩碗；你們的人貪心，不停地要湯，哪裏來那麼多？結果只有調味精水，就越喝越沒有味道了。」

給他講得有點慚愧，不作聲，埋頭吃東西。香港最近發生毒豬內臟案子，已許久未嚐此味，拼命吃豬肝、豬膶和粉腸。

熬豬尾的湯，顏色較黑，因豬尾皮厚，要重手才入味。啃著骨頭，實在好吃。湯雖濃，味道就沒有那碗排骨清湯那麼甜。

黃太太得空，捧上一碗排骨清湯，裏面有幾瓣熬得熟透的大蒜，咬進口一吸，再吐出蒜皮。喜歡吃大蒜的人一定會迷上它。

“開到晚上幾點？”我問。

“下午兩點就收檔。”她說：“錢多也賺不完的呀，我已經60多歲了。”

“星期天不休息？”

“禮拜一不做生意。一年之中也有三個星期不做生意。我們一家人到世界各地旅行，不親自監督，水準就差，乾脆連夥計也讓他們放假。”

“真會享受。”與我同行的友人感歎。

我們認爲這是一種奢侈，但是歐洲人最能知道這個道理，到了夏天大家到海邊去。不過話說回來，要是平常生意不是那麼好的話，也沒有資格放假。

“聽說你有意思在香港開一家？”黃太太問。

我點頭。

“你們都以爲我的肉骨茶有什麼秘方，不肯教人。”黃太太坦白地說：“哪來的秘方呢？不過是老老實實地把排骨熬了又熬，下大量的胡椒、大蒜、五香和八角等。不要太多，一點點就夠，當歸也只能下幾片，不然就像喝藥水，怎能談得上是享受？”

“就那麼簡單？”

“就那麼簡單。”她確定。

“沒有別的竅門？”

“有。”她說。

“是什麼？”

“不好喝做到好爲止。”黃太太微笑，說：“加上三、四十年的經驗。”

巴米士街25號
25, Purvis Street

☎ (65) 6337 6819

🕙 10am-10pm

🍽 海南鸡饭、火锅、烧肉
Hainanese chicken rice, steamboat, roast meat

YET CON CHICKEN RICE RESTAURANT

逸群
鷄飯餐室

桌上擺著三種不可缺少的醬料——濃黑醬油、薑茸汁和辣椒醬，味道按足古方。香港雞飯做得不像樣，就是因爲沒有這三種醬料。

Spread out on the table are three indispensable sauces: dark soya sauce, ginger paste and chilli sauce. They are prepared according to traditional ways. The chicken rice made in Hong Kong cannot hold a candle, precisely because these sauces are missing.

大家都說"文華酒店"的雞飯最可口，但我們這種老頑固，還是去老店"瑞記"。

不過"瑞記"已經結束營業，這家人也是一齣悲劇，老父過世，兒子撞車死掉，現在做不住了，真爲之惋惜。

乘的士時問司機，老夥計們到什麼地方去做？回答是去了"逸群"。

"逸群雞飯"開在俗稱海南二街的 Purvis Street，向來有許多擁護它的熟客，寧願去那裏也不到"瑞記"。

較"瑞記"更舒服的是有冷氣吧，他們說。冷氣對於我無關重要，不能抽煙，反而礙事。但是爲了雞飯，管它空不空調？

桌上擺著三種不可缺少的醬料——濃黑醬油、薑茸汁和辣椒醬，味道按古方。香港雞飯做得不像樣，就是因爲沒有這三種醬料。

飯本身卻沒有"瑞記"那麼多油，顏色白白的不夠黃。飯要是不以雞油來炊，就不成雞飯了。偶爾吃吃雞油，對身體也是好的。

斬雞肉的是一位女師傅。做雞飯這一行，女的還是較少的。她的手藝不錯，斬起來皮連肉，不似一般黃毛小子那麼亂來。

"逸群"還有一樣出名的菜是燒肉。所謂燒肉，其實是把整塊肉炸過，再淋上黑漆漆的甜醬油，味道是不錯的，但是香港的燒肉不遜他處，所以沒有叫來吃。

記得小時候在"逸群"吃過火鍋，就來一客懷懷舊。一碟生牛肉上面打了一個雞蛋上桌，客人灼熟來吃。當年賣得十分便宜，現在貴了一些。火鍋，星洲人稱之爲"生鍋"。

"逸群"從1940年開至今天，比我還大，沒有一定的水準，生存不下去，值得一去。

東海岸路139號
139, East Coast Road

☎ (65) 6344 1749

🕐 8:30am-8:30pm

🍽 娘惹糕點、薄餅
Nonya pastries, *popiah*

GLORY CATERING

炸豆腐也是一絕，炸得香噴噴的，切成八塊，上面淋上炒囉喏用的蝦頭膏、花生粉及大量指天椒，刺激得很。

The fried tofu is another gem. After the toufu is deep-fried, it is sliced into eight pieces and topped with prawn paste, peanut powder and a generous portion of chilli padi. The taste is exhilarating.

如果你對真正的南洋食物有興趣，我介紹你去如切路上的 Glory Catering。

走進店裏你可以看到夥計多數是中國人，只有一位站在玻璃櫥窗後的是馬來女士。店裏賣娘惹（Nonya）食物，門口卻是一檔福建薄餅。也許你覺得這種配搭很奇怪，其實娘惹是被馬來文化薰陶的華人，吃中國菜理所當然。他們雖是華籍，但不會看漢字，只懂得馬來語和幾句英文，所以沒有中文店名。

如切這一區是你要到機場之前會經過的，要是你乘早上11點20分那班國泰機返港，9點出門，到 Glory 吃個早餐再趕路也來得及。

Nasi Lemak 是馬來人典型的早點，用香蘭葉包著椰漿飯，有幾條小魚、一塊青瓜，就此而已，非常簡單。靈魂是濃郁的辣椒膏，用指天椒和蝦米炮製，放在一片香蘭葉上，鋪上飯。本來已有椰漿的白飯加上這片香葉，味道更是不可抗拒。混上又甜又辣的辣椒膏，整包飯即刻吃光，有些人連小魚都不去碰。

炸豆腐也是一絕，炸得香噴噴的，切成八塊，上面淋上炒囉喏用的蝦頭膏、花生粉及大量指天椒，刺激得很。怕吃辣的人千萬別點，會要他們老命。

其他馬來菜如淋麵、Lontong 和 Mee Siam 也好吃。Mee Siam 的前一個字是麵的意思，其實用的是米粉；後面那個字代表暹羅，可見是由泰國傳來。

店裏還有許多糕點和娘惹肉糉，另有一罐罐辣椒醬出售。但得小心，天氣一熱，又搖動的話，辣椒醬發酵生氣，會爆開的。

上海
杭州
廣州
深圳

Shanghai
Hangzhou
Guangzhou
Shenzhen

上海市九江路555號王寶和大酒店5樓
5F, Central Hotel, 555 Jiujiang Road, Shanghai

☎ (86 21) 5396 5000

🕐 11:30am-2pm, 5:30pm-10pm

🍽️ 菊花對蟹
Crab feast

WANG BAO HE

王寶和

賣蟹賣到發達，還建了一棟大廈，連旅館生意都撈埋，實在厲害。

To make a fortune out of selling crabs is really amazing. They even manage to build a hotel to tap into the tourism business.

到了上海，順道去各家朋友介紹的餐廳試試，要是好吃，就組織一個美食團。

去了好幾間，都不滿意，與我對滬菜的印象不同，我一直向當地人說：「你帶我去吃正宗的。」

「這就是正宗呀！」他們說。

我搖頭。

「那你認爲什麼才是正宗？難道我們上海人不知道什麼叫正宗嗎？」他們有點生氣了。

我說：「我的所謂正宗上海菜，是又油又鹹又甜。」

「那是以前的人才吃的。」他們說。

「我是以前的人。」我回答。

「那你去老店好了。」

老店就老店，又到了幾家，也都改良了。

失望之餘，我去了「梅龍鎮」，雖然賣的不盡是滬菜，但畢竟爛船還有三斤鐵，味道真是不錯。又和師傅商量了好幾道菜單上沒有的懷舊菜，再試一次，結果收貨。

來到上海，不吃蟹總說不過去。好幾家新派的都是剝好肉的，我吃不慣。

最後，還是去了「王寶和」。點了一桌子的菜：江南八味碟、蟹粉上湯翅、蟹油明蝦卷、菊花對蟹、百粒蝦蟹球、煎釀蟹、蟹肉扒碧綠、蟹肉魚圓湯、蟹粉小籠包等，再加自剝肥蟹兩隻和甜品，一定吃得飽。

「王寶和」自己養蟹，有相當水準才會拿出來，絕不會影響招牌。

賣蟹賣到發達，還建了一棟大廈，連旅館生意都撈埋，實在厲害。級數雖然只有四星，但位於市中心，很受東南亞客人的歡迎。我走進房間看過，乾乾淨淨，還蠻舒暢，他日不做酒店生意，這塊地皮也不得了。

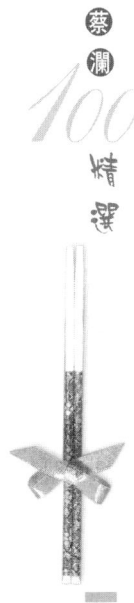

上海市天津路512號
512 Tianjin Road, Shanghai

☎ (86 21) 6322 3978

🕓 11am-1:30pm, 5:30pm-10pm

🍽 清蒸蟹鉗、蟹柳燴蘆筍、蟹黃燒魚翅
Steamed crab pincers, crab meat with asparagus, shark's
fins with crab meat

新光酒家
(方亮蟹宴)

XINGUANG
RESTAURANT

最後的蟹粉餛飩最精彩，餛飩做得
如拇指指甲般小，肚子再飽也吃得下
去。

*T*he last dish is called crabmeat *wanton*. The
wanton is as small as the nail of our thumb.
You can eat this even if your stomach is already
full.

又到了吃蟹的季節，此行到上海，是專程去試一家叫"新光酒家"的蟹宴。

和香港的大飲食集團新光是沒有關係的，這家小店躲在一條巷子裏，不過也不難找，著名的"浴德池"就在它的旁邊，的士大佬都知道。

有什麼那麼特別呢？

最不同的是，吃的全是肉。整隻上的，只有醉蟹。這裏做的醉蟹不是死鹹，帶著鮮甜，一吃就知道與眾不同。

冷菜有六個，印象很深的是"烤菜"，非常美味。老闆解釋做法時說："什麼菜都可以做，用個鍋，不下油，慢火烤兩小時，再加醬油和糖即行了。"

再下來進入主題，最先上的一碟蟹拑，一粒粒拆出來的肉像白色的櫻桃，足足用了六十隻蟹那麼多，堆成一座小山。吃的都是手工錢，店裏請了十幾個小姑娘整天拆蟹肉。這不算稀奇，但連肉中的鰓也拆了，可真不容易。

接著的蟹柳蘆筍，是把蟹腳的肉拆了和切細的蘆筍一塊炒，同樣是肉中無殼。

蟹黃鮑片豆腐，鮑片沒什麼特別，蟹黃勾出來的豆腐反而更美味。

蟹黃翅勝在不用豬油或植物油，完全是用上湯和蟹油炮製而成。

另有一道蟹膏銀皮，所謂銀皮，是綠豆做的粉皮，用雄蟹膏來炒。

最後的蟹粉餛飩最精彩，餛飩做得如拇指指甲般小，肚子再飽也吃得下去。

這麼多道蟹粉菜，也不知道一個人吃了多少隻螃蟹？以人頭計，一個人700元人民幣，到另一間老店去吃蟹，選兩隻大的，也要這個價錢。

🏠 上海市虹橋路1號港匯廣場6樓603B
603B, 6F Ganghui Square, 1 Hongqiao Road, Shanghai

☎ (86 21) 6407 9898

🕐 11am-2pm, 2:30pm-5pm,
5:30pm-10:30pm

🍽 揚州大煮乾絲、獅子頭、三味桂魚
Yangzhou tofu strips, meatballs with Chinese cabbage,
spicy mandarin fish

FU LU JU 福祿居

所謂三套鴨，是把家鴨套在野鴨之中，野
鴨再套乳鴿，加火腿，燉製八小時而成，其
湯甘甜無比，單取乳鴿脯食之。

The dish called three-tier duck is to stuff a home-
raised duck into a wild duck, and then stuff the wild
duck into a roasted pigeon. Finally, ham is added. The
dish needs to be cooked for eight hours. The soup has a
distinctive flavour and only the pigeon meat is eaten.

"你"向計程車司機說去徐家匯的港匯廣場，轉華山路口下車好了。"經理說。

之前聯絡過，因爲有一道叫"三套鴨"的菜，要早一天訂才能準備好。

港匯廣場有個專用電梯可以直達六樓，全層都是餐廳，"福祿居"最高級，裝修得美奐美輪。

賣的是揚州菜，揚州菜有什麼好吃的呢？

先上六前菜，三冷三熱：胭脂紅妝是用心裏美蘿蔔切薄片醃漬，捲成極小卷上桌，有如名字一樣美，味道好是最主要的。紅梅含瑞是蓮子釀入紅棗中，擺成一個佛頭的形狀。梳衣蘑菇將原料切成豬腰狀，味道調得也像豬腰。新風鰻香是煙鰻魚，皮下脂肪很厚，吃鰻魚不肥是不行的。太白雞只是一小碟，但用了整隻雞，取最精美部分，其餘棄之。金絲小排味道像無錫骨，用的是排骨最細的那幾根，名副其實爲小排。

小菜已是萬分精彩，進入大菜時出名的"揚州三套鴨"登場。所謂三套鴨，是把家鴨套在野鴨之中，野鴨再套乳鴿，加火腿，燉製八小時而成，其湯甘甜無比，單取乳鴿脯食之。這道菜的確有久未嘗試的意外驚喜。

另一個難得的是"扒燒豬頭"，因爲我們去的人不多，只要了半個，但也是很大的一盤。豬頭肉紅燒得那麼香噴軟熟，真不容易。原來豬種也是特選的，不是每一隻豬做出來都好吃。怪不得西門慶愛吃豬頭，做得那麼出神入化，誰都喜歡。

"三味桂魚"是把一條桂魚分三個步驟炮製，蒸後捲起，炒片，再炸塊，拼成整條魚的形狀上桌，出奇的是每個部分都不會冷掉。當然最後上炒飯，誰說揚州沒炒飯了？

上海市宛平南路550號 (近零陵路)
550 Wanping South Road, Shanghai

☎ (86 21) 6438 1015

🕐 11am-2am

🍽 紅燜蹄膀、糯米紅棗、椒鹽玉米
Pig trotters stewed with wine, glutinous rice with red dates, maize sprinkled with spiced salt

YUAN YUAN RESTAURANT

這家人燒的紅燜蹄膀特別精彩，
肥嘟嘟的，一大根骨頭翹在碟上，
碟邊看到很多粒滷蛋。

The pig trotters dish looks very appetising. The bones of the fatty trotters are sticking out of the plate and braised eggs are placed all around the edge of the plate.

文雋曾經再三推薦上海的一家餐館，叫"圓苑酒家"。出發前打了一個電話向他要地址，文雋人在北京辦事，也特地爲我通知了老闆娘錢瑛，一下子訂到了座位。

我們四個人（徐勝鶴兄、當地旅遊界的陳經理、司機和我）叫了很多菜。錢女士忙說夠了夠了，我們說吃不完打包，結果打包的，只是半隻蹄膀。

這家人燒的紅燜蹄膀特別精彩，肥嘟嘟的，一大根骨頭翹在碟上，碟邊看到很多粒滷蛋。錢女士笑說："這裏的菜名都不用自己取，客人會替我們安上別名，他們叫這道菜朱八戒踢足球。"

之前來了些小碟菜，最突出的是糯米紅棗。一顆顆的紅棗之中釀著白色的糯米丸子，完全是工夫，蒸得很熱上桌，要小心吃，不然會被糯米丸燙傷嘴唇。

椒鹽玉米也同樣花時間，把一粒粒玉蜀黍拆出來，用油炸了，撒上鹽。椒鹽這種做法並非滬菜傳統，我一向很反對，但是這一道小菜的確適宜送酒。

蒜拌黃瓜海蜇很普通，下了大量芫荽，和一般在香港吃到的又是不同。就那麼改一改，好吃得多。

見餐牌上有道叫虎皮臭豆腐的，即刻想試，原來虎皮取腐皮同音，把枝竹包了臭豆腐炸，味道不傳到鄰桌去，吃起來照樣過癮。

餐牌上還有一個奇妙的名字，叫"爬跳湯"，想知道葫蘆裏賣的是什麼藥，上桌一看，用個沙煲煲了爬著的大閘蟹，跳著的田雞，又加河蝦和蛤蜊，當然不加味精也鮮甜。

四個人吃，花了500元人民幣，不算貴。

上海市淮海中路706弄10號 (近思南路)
10, Lane 706, Huaihai Middle Road, Shanghai

☎ (86 21) 5306 5410

🕐 10am-9:30pm

🍴 醇香肉排麵
Pork rib noodle

WU YUE FAMILY 吴越

人家

上桌一看，碗大得驚人，湯絕對喝不完，
麵條排得直直的，真如少女的清湯掛麵。很
多人會以爲這是機器做的，其實是手打。

The bowl is so huge that it is impossible to finish
the soup. The noodle is arranged in straight rows, like
the neat hair of a young girl. Most people will think
the noodle is machine-made, but it actually is hand-
made.

上海開國際觀光節，我已算是半個旅遊界人士，與星港公司的老板徐勝鶴兄一齊前往參加，和國內同行打打交道。

港龍還是最受歡迎的，差不多每一班都爆滿。由香港飛上海，兩個鐘左右到達虹橋機場，依舊是老樣子。沒到過新機場，聽說很遠。從虹橋到花園酒店只要20分鐘。抵步時已是下午兩點，不想吃太多東西，不然太飽，建議吃麵。

附近的淮海路上有兩家著名的麵店——"滄浪亭"和"吳越人家"，選了後者。"吳越人家"的老板就叫吳越人，93年曾流行吃大碗麵時興起，生意興隆，至今開了20幾家分店，聽說淮海路上小巷中的這間是第一家。

店中佈置得清清雅雅，牆上掛滿書法和餐牌。推銷最著名的兩種麵——醇香肉排和香菇素麵，各來一碗。

上桌一看，碗大得驚人，湯絕對喝不完，麵條排得直直的，真如少女的清湯掛麵。很多人會以為這是機器做的，其實是手打。整齊的麵條，是大師傅手藝。

菜由另外的小碟盛著，與麵分開，過橋吃法。若嫌隔著不好吃，可以把整碟配料倒進碗中，但始終不是很入味。這是有道理的，那小碟醇香肉排的做法和東坡肉一樣，下了很多冰糖，要是把整碟都倒進去，會變成甜品。

素麵沒有什麼吃頭，要了另一碗蟹粉蝦仁麵，是全店最貴的，賣38元人民幣。此麵要是在香港天香樓吃，至少貴出十倍，味道當然也勝出十倍。

一般來說，還是很有特色。香港照抄開那麼一家，也會賺錢。

上海市淮海中路689號
689 Huaihai Middle Road, Shanghai

☎ (86 21) 5382 4370

🕐 6:30am-10pm

🍽 香菇麵筋麵
Mushroom noodle

CANG LANG TING

滄浪亭

如果你在上海只有吃一頓麵的時間，我會推薦這一家，至少它有一個配料架子，擺著芫荽、蔥、蒜茸和各種調味，一共有十樣，任君選擇。

If you only have time to eat a bowl of noodle in Shanghai, I would recommend you this place. It has a rack that displays ten kinds of condiments such as coriander, onion, chopped garlic and etc. You can pick and choose on your own.

在上海吃麵，除了"吳越人家"，上海人一定和"滄浪亭"比較。基本上，兩家人賣的都是一樣的麵條，碗是"吳"較大，分量則兩家人相同，湯底亦差不了多少。

料和麵分開，小盤的菜先上，叫做"澆頭"。我要了糟香燜肉、醬炒腰片、香菇麵筋和炒素菜四碟澆頭，擺在面前，配著麵慢慢吃。

有些人不知道這種叫法，走了進來，拉了女侍指著我的菜，說："要和他的一樣！"後來我看到另一個老饕，竟然可以吩咐硬麵或者爛麵，我還不知道有這種吃法，顯出我是大鄉里。

女侍走過來，我問她："爲什麼你不問問客人要的是哪種麵？"

"你在櫃檯買票時，就要說清楚呀！"她笑融融地說："我們還有澆頭過橋、底澆、加澆、寬湯、緊湯和加麵呢。"

說了那麼多，真不知怎麼一個澆法。我一向吃麵喜歡湯另上，麵是像撈麵一樣不加湯，認爲這樣才能吃出麵條的原味。

"那麼你下次來，叫拌麵跟湯好了。"女侍教我。又學會一樣東西。

"我們的服務項目中，還有特殊需要，盡量滿足這一條，你說到，我們就做到。"她說又爲我上了一課。

招牌的"滄浪亭"三個字寫得很美，是錢君陶先生的手筆。听說從前的三個字是吳湖帆先生寫的，在文化大革命時被毀掉。

如果你在上海只有吃一頓麵的時間，我會推薦這一家，至少它有一個配料架子，擺著芫荽、蔥、蒜茸和各種調味，一共有十樣，任君選擇。

杭州市解放路154號 (近中河路)
154 Jiefang Road, Hangzhou

☎ (86 571) 8702 8626

🕐 9am-8pm

🍽 蝦爆鱔麵、豬油拌麵
Prawn and fried eel noodle, lard noodle

KUI YUAN GUAN 奎元館

最出名的當然是他們的蝦爆鱔麵了，把小黃鱔養個數天，清了腸胃再劏，原隻爆之，蝦也是要活生生的才能入麵，考究得很。

Their most famous dish is the prawn and fried eel noodle. Small ricefield eels are force-fed for a few days before being prepared for cooking. The whole eel is deep-fried. As for the prawns, they must be fresh ones.

"去奎元館吃麵吧。"

這家從清朝同治六年開到現在的館子，絕對壞不到哪裏去。

橫匾上由程十髮題「江南麵王」四個大字。門口掛的對聯是「三碗二碗碗碗如意，萬條千條條條順心」。

奎元館本來叫魁元館，嫌那個魁字有「鬼」，所以才改掉的。話說一個窮秀才來吃麵，店主在清麵中加了三只囫圇蛋給他，後來秀才連中三元後回來報答，題了店名。

最出名的當然是他們的蝦爆鱔麵了，把小黃鱔養個數天，清了腸胃再劏，原隻爆之，蝦也是要活生生的才能入麵，考究得很。

金庸先生也喜歡來這兒吃麵，我跟他來過一次，印象猶深，所以這次重臨。下回帶團友來，相信他們也不會失望。

本來以為店舖很小，怕坐不了那麼多人，我們的杭州導遊和女經理是老同學，她帶我們到樓上去，地方寬闊，沒有問題。

但是單單吃麵恐怕我們的大食團友不夠喉，加了十幾道菜，這下子總不會有怨言了吧。決定訂了這裏，讓大家吃一頓中飯。

上一次來，吃得最香的是豬油拌麵，湯另上。其他人怕膽固醇，我不客氣連吞兩碗，桌上一大堆菜，都沒去踩。

江南人吃麵，有所謂的「澆頭」，就是把炒好的各種佳餚淋在麵上。小菜中有汁，增加了湯的滋味。

一面吃麵，一面幻想來過的古人如梅蘭芳、周璇、蓋叫天等都坐在你旁邊，一樂也。

杭州市慶春東路雙菱路33號
33 Shuangling Road, Qingchun East Road,
Hangzhou

☎ (86 571) 8602 7777

🕐 11am-2pm, 4:30pm-9pm

🍽 老鴨煲
Old duck hotpot

HANGZHOU
ZHANG SHENG JI

杭州
張生記

"老鴨湯" 是張生記的名菜，差不多每一桌都點，用一隻鴨子燉了一大煲湯，加入鹹肉，最特別的是把包糭子的葉也一齊放進去煲。

The old duck soup is the most famous dish here; almost every table will order a serving. A duck and some bacon are used to boil the soup. Bamboo leaves, which are used to wrap rice dumplings, are also added in.

"**晚**飯呢？"導遊已不敢建議。

"就到張生記吧。"我說。

前次在上海看丁雄泉先生的畫展，每天和他吃飯，他都是吃張生記。張生記的總店在杭州，怎可不去試試？

張生記以好吃和價錢合理見稱，從上幾次試過的經驗，覺得還是可靠的。

冷盤先來一碟他們叫做"萬年青"的野菜，其實是菜心的一種，但是比菜心細，味更濃，帶苦，更是好吃。這種菜在香港暫時還是吃不到，算是珍奇。

油爆蝦吃得多，就來一碟"蝦乾"換換口味。蝦乾是把整隻帶殼的蝦曬乾了，以鹽醃之，帶點鹹味，但又不像蝦米那麼又鹹又硬，把蝦乾蒸熟，待涼後上桌。

又來了"藕片"和"醬鯽魚"等小菜下酒。

"文蛤蒸蛋"和已經在香港失傳的"蛤蜊燉蛋"異曲同工，用一個深碟子裝著水蛋，中間放了幾個大蛤蒸之，這道菜在香港就吃不到了。

"臭味相投"是臭豆腐蒸臭莧菜莖。這裏的莧菜莖很粗。皮又硬又厚，是不能吃的，用口一吸，把莖內的漿汁吸出來和臭豆腐一齊吃，特別有味道。

"老鴨湯"是張生記的名菜，差不多每一桌都點，用一隻鴨子燉了一大煲湯，加入鹹肉，最特別的是把包糉子的葉也一齊放進去煲。

這裏做的"南瓜餅"，和一般不同，中間圓圓脹脹，餅很薄，吃不飽的，最適合那些喜歡吃巧的人。

還有許多菜已不一一介紹。當晚的主角是"叫化蹄子"，用叫化雞的泥包做法炮製豬蹄，中間有荷葉香味，又是一道香港吃不到的菜。

廣州市荔灣區沙面南街52號
52 Shamian South Street, Liwan District, Guangzhou

☎ (86 20) 8121 7168

🕐 8am-3pm, 5pm-4am

🍴 金牌紅燒乳鴿、燒汁花肉扣海參、魚子斑粒炒官燕
Roast pigeon, sea cucumber with pork, fish roe and beans stir-fried with bird's nest

QIAO MEI RESTAURANT

僑美食家

本來乾麵沒什麼吃頭，但大師傅摻以豬耳朵絲和紅辣椒來炒，乾瘤中帶出美味，非常特別，在香港吃不到。

Dried noodle is stir-fried with thinly-sliced pig's ear and red chilli. The flavour is quite special and definitely not found in Hong Kong.

從日本回香港，住了一晚，第二天又匆匆北上，來到廣州。好像和這個城市頗有緣分，這幾個月來去了好幾趟。廣東的三大旅館爲中國、花園和白天鵝，比較起來，還是白天鵝最好。

位置沙面島，從前是大使館區，周圍建築物格調很高。從房間望出，就是珠江了。

大堂設於二樓，從地下那層走出去，就能找到一家叫"僑美"的餐廳。

宵夜在這裏吃，有幾樣很可口的。首先上桌的花生，用碎肉和香料滷之，略帶甜，嚼起來很香，百食不厭。當晚我們五個客人，吃了六碟，真不要臉。

"僑美"前身是橋底的大牌檔，有一道叫"橋底炒麵"，用的是乾麵。本來乾麵沒什麼吃頭，但大師傅摻以豬耳朵絲和紅辣椒來炒，乾瘤中帶出美味，非常特別，在香港吃不到。

南瓜粥也很棒，比番薯粥更甜。

宵夜總要叫些蔬菜，這裏有釀通菜，把肉塞入通菜梗中，工夫很大。

主人楊治益先生專程趕來，年約三十餘歲，長得可英俊，在香港可以去當演員，進門就問："有沒有吃過狗仔粥？"

"什麼？狗肉熬的？"我們驚奇。

"搣一碗試試。"楊先生說。

粥還用搣的嗎？大感驚奇，原來是把白飯搓成條，一塊塊搣了拋入高湯中煲出來。廣東人一塊叫"一嚿"，原名嚿嚿粥，現在叫狗仔粥。

香港的狗仔隊來廣州時，一定要吃。

廣州市東山區先烈南路青龍坊189號首層
IF, 189 Qinglong Square, Xianlie South Road,
Dongshan District, Guangzhou

☎ (86 20) 8777 1107

🕐 11am-10pm

🍽 玉米淮山燉鮑魚、雪梨橄欖燉瘦肉、花旗參
百合綠豆燉白鴿
Abalone stewed with maize and *Huai Shan*, lean pork
stewed with pear and olive, pigeon stewed with ginseng,
lily and green bean

YANG SHENG GUAN 養生館

廣 州的這一家人依足古傳統，蒸籠裏一
小盅一小盅，真材實料燉出，每一種都經過
三小時以上的火候。

*T*heir soups are brewed according to traditional
methods. Small pots filled with only the best ingredients
are placed inside a steamer and cooked for at least
three hours before serving.

藥膳曾經出現過一陣子，但很少做得起色，原因何在？只有一個：不好吃。

最近在廣州，在遠洋賓館後面的一條小巷子裏找到"養生館"，吃後完全改觀。

這裏做的，像家庭小炒多過什麼藥膳，以燉品爲湯，盅頭飯爲主食、燜黃豆、炒油菜佐之，完全沒藥味，還以爲是媽媽做的菜。

從前在上環也有一些燉品大牌檔，現今已滅跡。廣州的這一家人依足古傳統，蒸籠裏一小盅一小盅，真材實料燉出，每一種都經過三小時以上的火候。

怎麼看得出毫無虛假？很簡單，吃湯渣就知道。喝了濃湯之後把剩下的魚、水鴨、牛腰等淋上醬油，分量足夠，又是一道好菜。

大家認爲藥膳很貴，其實內地租金、人工、材料皆廉。店裏最貴的是補虛損、益精氣、壯陽滋陰的冬蟲草水鴨，一盅45元人民幣。

其他的花旗參水、川貝鷓鴣、桑寄生黑豆塘虱等也有同樣功效，不過是十元。穀芽鴨腎、淮杞鵪鶉、天麻豬腦等更便宜，才賣六元。

各種燉品在餐牌上注明是針對什麼病症，不必假手順德梳起。飯類有欖角肉餅、沖菜牛肉、味菜豬肚等，每盅價錢統一爲六元。

這裏還有清熱利咽茶，賣三元五毛；去濕消滯茶兩元。最好吃又有益的是特製龜苓膏，絕不苦澀，賣四元一盅。

貴的甜品有雪蛤紅蓮鵪鶉蛋，治體虛乏力、神經衰弱、精力不足、容顏憔悴，賣18元。南北杏雪梨治肺燥乾咳，四元。

由著名的沈醫師和李醫師主理，專程爲病人把脈，並開出應食的療方。店裏擠滿客人，都說價錢和吃盒飯差不多，不如前來療養療養。

🏠 廣州市越秀區朝天路14號
14 Chaotian Road, Yuexiu District, Guangzhou

☎ (86 20) 8380 0168

🕐 10:30am-2:30pm, 5pm-10pm

🍽 鹹蛋油鹽飯、白灼雙連、美酒豬腰
Rice with salted egg yolk, cow's stomach, pig's liver in wine

YA YUAN RESTAURANT

雅苑餐廳

這才是精彩絕倫，看起來很普通的飯，下的配料只是鹹鴨蛋蛋黃，蛋白棄之，吃進口鹹淡適中。

The rice with salted egg yolk is an interesting dish indeed. Ordinary rice is teamed with the egg yolk of the salted duck's egg, while the egg white is discarded.

很怕應酬，更不喜歡廣州的所謂"港式"海鮮酒家，吃來吃去鮑參肚翅，看了就怕。

到了晚上，約幾個談得來的朋友，去一家家庭式的菜館，叫"雅苑餐廳"。基本上賣的是潮州小炒，但已經廣東化了，和粵菜差不多。

"白灼雙連"是把牛的胃片得很薄，許多客人都叫這道菜，我們也來一碟試試。這裏的菜都是小小碟的，多來幾款也照樣吃得完。覺得很硬，沒有想像中那麼脆，如果醬油中不加點糖和味精，更是無味。

"臘網粉絲"中加了大量的松子仁，這道菜很惹味，一下子給我們吃光了。

"鹹魚蒸魚腩"用的是鯇魚腩，和馬友魚一齊蒸。這道菜我們在香港常叫餐廳做，用的是海魚，較鮮。友人徐勝鶴叫它"生死戀"，生的是活魚，死的是鹹魚。

"美酒豬腰"做得一點異味也沒有，豬腰一向難以處理，尤其是雪凍過的話，更不能接受。這裏做的薑味很重，酒也下得夠，大家舉筷，一下子就掃光了。

"枝竹雲耳"是齋，我們都是食肉獸，吃了一點就停下。

"番茄蛋牛肉"最像媽媽炒的，牛肉已剁碎，不太硬。

"鹹魚飯"的鹹魚下得不夠，不滿意，再來一煲"鹹蛋油鹽飯"。這才是精彩絕倫，看起來很普通的飯，下的配料只是鹹鴨蛋蛋黃，蛋白棄之，吃進口鹹淡適中。這道菜可以偷師，下次做給大家吃。

廣州市白雲區太和鎮頭陂村3對
3 Toupi Village, Taihe Town, Baiyun District, Guangzhou

☎ (86 20) 8746 4391

🕐 9am-9pm

🍽 燒雞、燜鴨、九佛菜心
Roast chicken, braised duck, Jiufo cabbage

CUI ZHU YUAN ROAST CHICKEN

翠竹園
燒鷄

當地以燒雞出名，雞的燒法與眾不同，是
用一個大陶缸，燒紅後把雞放進去，上蓋，
不直接接觸到火，也能燒得完熟。

Taihe is known for its roast chicken, prepared
differently from elsewhere. An earthenware is heated
until fiery red before the chickens are placed inside and
covered with a lid. The chickens are cooked without
coming into contact with fire.

到廣州去看幾間食品廠，其中一家在"太和"。我最喜歡這些廣州周圍的小鎮，還保持一些舊風貌。離市中心一個鐘左右。

聽到太和，我就想起雞。當地以燒雞出名，雞的燒法與眾不同，是用一個大陶缸，燒紅後把雞放進去，上蓋，不直接接觸到火，也能燒得完熟。

這家叫"翠竹園燒雞"的店像小型龍門客棧，搭在小橋溪畔，背後一片碧綠的竹林，風一吹，竹葉磨擦，沙沙作響。

城市人一看呆住，環境真幽美，一群公雞母雞啄蟲，樣子漂亮到極點。到達時已是下午一點，還有一隻雞在亂啼，名副其實的神經雞，就吃牠吧，以免擾人午睡。

老闆娘是客家人，笑嘻嘻地捧上冰凍的客家米酒，乳白色，清甜無比。酒精度不強，用大茶壺裝著。連灌三壺，面不改色。

雞現劏現燒，需時。先吃當地盛產的山坑螺和山坑魚。前者像根螺絲釘，夾斷尖頭處，炒後就那麼吸將起來，也不容易噬食，同行的小朋友吸不出，一碗都是完整的螺，只吃到汁而已。山坑魚炸了，連骨吃就沒問題了。

炆鴨子也是這裏的拿手好菜，很入味，薑用得很多。還有一樣用薑的是煎蛋，薑絲在鑊中爆香，再打蛋進去煎，又簡單又美味，是婦女坐月常吃的菜。我們不必生育，照吃不誤。

欖角是從園中那三棵烏欖樹採下醃製的，通常用來蒸魚，這裏蒸臘肉。鹹上加鹹，鄉下就是這種吃法，可多吃幾碗飯嘛。

飯用沙煲上，有油蔥飯和雞雜飯，這時燒雞上桌，味道不錯，但不是好得令人驚奇。不過後上的那一大碟著名的"九佛"菜心，是我們吃過最好的，五秒鐘掃個精光。

廣州市天河區龍口東路10號紅樓酒店2樓
2F, Honglou Hotel, 10 Longkou East Road,
Tianhe District, Guangzhou

(86 20) 8753 8593

11am-10pm

洞庭魚頭王、乾鍋臭豆腐鴨掌
Dongting fish head, fermented bean curd with duck's
foot

WEI XIANG LAI DONGTING FISH HEAD

味湘來
洞庭魚頭王

剩下的大量湯汁，把麵條煮熟了蘸著
吃，精彩萬分，絕對不是普通店裏能吃得到
的。

Finish off the gravy leftover from the fish head
dish by mixing it with some cooked noodle. Delicious!
You can't find this in any ordinary shop.

要在那麼多間餐廳中選出有特色的菜，也不是易事。問在廣州編輯雜誌《飲食之旅》的友人，他說有個大魚頭。

大魚頭哪裏沒吃過？多數是把魚頭蒸了，再鋪上大量的辣椒就算數，兩種東西根本不混入味，沒什麼吃頭。

友人帶去的是一家叫"味湘來洞庭魚頭王"的湖南菜館。先上一道原汁血鴨，是以一斤重的小野鴨斬件，骨頭多過肉，然後用鴨血慢火燜之，又加辣，吃時細嚼其骨，不錯不錯。

接下來的乾燒牛肉就嫌硬了，但是年輕人牙力好，用它來乾白酒，是道好餚。

乾鍋臭豆腐鴨掌，是整個鐵鑊上桌的。鴨掌固佳，印象深的卻是湖南的臭豆腐，原來是黑色的，一塊塊臭豆腐吃起來比鴨掌更好吃，但其臭味還是沒有上海人的毛豆蒸臭豆腐那麼劇烈。

蔬菜有新鮮的雪裏紅，這一道菜香港人就比較少吃得到了。更難得的是高粱做的粿，有陣小米的氣味，值得一試。

這時，主角登場，五斤重的一個魚頭，裝在一個大碟中，足足一個小西瓜那麼大，熱騰騰、紅辣辣地上桌，先聲奪人。

用的是洞庭湖天然生長的雄魚，佐以剁黃辣椒、紅辣椒和瀏陽的豆豉，先用大量的薑片去腥，然後和各種香料混合煮個30分鐘，完全入味。先把魚頭兩瓣角唇吃了，再來吃魚腦，躲在骨頭中的髓，則用吸管噬之。那麼大的一個魚頭，以爲一定吃不完，那知愈吃愈辣愈過癮，一下子掃光了。剩下的大量湯汁，把麵條煮熟了蘸著吃，精彩萬分，絕對不是普通店裏能吃得到的。

店主姓湯，哥哥叫紅衛，弟弟叫紅兵。你猜到了，是文革時出生的。

廣州市荔灣區文昌南路2號
2 Wenchang South Road, Liwan District, Guangzhou

☎ (86 20) 8138 0985

🕐 7am-12mn

🍽 蟹肉灌湯餃、廣州文昌雞
Crabmeat dumpling, Wenchang chicken

GUANGZHOU RESTAURANT

廣州
酒家

蝦餃、燒賣、叉燒包繼之，都是大路
的點心，並不花巧，但是吃起來碟碟原汁
原味。

Next up are prawn *shao mai* and roast pork
bun. These are typical fare nothing fanciful about
them, but they are all authentic in taste and
preparation.

到老字號，總比去新派酒家好。這次來到廣州，光臨的是歷史悠久的"廣州酒家"。

它是國營的，外客聽到國營就皺眉頭，但現在領導人已不穿中山裝。"廣州酒家"裝修得美奐美輪，四邊廳房，中間一個大天井，從樓下往上望，像李翰祥的怡紅院佈景。

臨時決定去歎早茶，友人之前來電話說星期日要找位子難如登天。

老總溫祈福先生很給面子，親自來迎，走進一間很大的廳房，幾樣精美的點心即刻上桌。

第一個入眼的是荷葉飯，用綠色的新鮮荷葉包裹，在香港就吃不到。白飯一粒粒，略帶碧綠，吃起來一點油也沒有，是高手的烹調技巧。

灌湯餃也是名副其實的灌湯，裝進蒸籠拿過來，不像改良的，浮在湯中游泳。

一碟排骨接著來，用筷子夾了一塊，肉包著骨，絕對不是亂七八糟的部分。一看，還用涼瓜鋪在碟底。

蝦餃、燒賣、叉燒包繼之，都是大路的點心，並不花巧，但是吃起來碟碟原汁原味。一般香港客可能覺得了無新意，但懂得欣賞的就會讚歎，原來這才叫點心。

地方夠大，可以帶百多個旅行團團友來這裏吃。溫先生說下次我來，做一桌點心宴，包能試到瀕臨絕種的食物。

店裏也辦滿漢大全筵，吃兩天六餐。

"不是三天嗎？"我問。

溫先生解釋說：“猴腦、熊掌等已不入宴了，所以不叫全席，叫滿漢精選。”

　　還有一種叫黃金宴，專吃貴東西，誰沒試過？但是對“五朝宴”，我則大感興趣，將唐宋元明清的名菜復古，不知味道如何？等我試過滿意了，再帶各位品嚐。

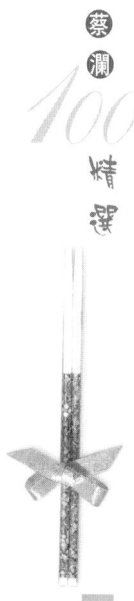

廣州市海珠區前進路92號
92 Qianjin Road, Haizhu District, Guangzhou

☎ (86 20) 8441 4338

🕐 11am-3pm, 5pm-4:30am

🍽 鮮露羊耳絲、秘製羊腩煲、鹹香羊骨粥
Sheep's ear, mutton hot pot, sheep bone congee

新興飯店

XIN XING
RESTAURANT

鹹香羊骨粥是把羊骨燒烤之後煮粥，一煲就是五個小時，味道全散發出來，精彩絕倫。

*T*he bones of the sheep are roasted before being cooked with congee. At least five hours of boiling is needed to bring out the flavour of this dish.

又到廣州公幹。乘9點40分的直通車，因爲有餐卡，可以喝喝啤酒，點盡餐牌上的菜，再抽根煙，一下子就到了。

在友人介紹的一家湖南菜館吃中飯，店主堅持請客，我堅持付賬。我說吃得好的話，下次讓他請，結果當然沒有下次。

晚上到"新興飯店"吃，這是廣州羊肉做得最好的一家。當晚的菜單如次：鮮扣頂羊鮑、羊肉魚翅佛跳牆、羊腩極鮮煲、炭燒羊腿、玫瑰乾迫乳羊、秘製羊腩煲、鹹香羊骨粥和羊肉煎餃。

愛吃羊肉的人可有口福了。最先上桌的羊腿，骨頭上的肉不多，我們把每一根都啃得乾乾淨淨。每根骨頭才賣七元人民幣。大師傅走出來一看，高興得很，自喝三杯慶祝。

鮮扣頂羊鮑用珍貴的鮑魚，當然要用整隻羊最珍貴的頸項部分去扣。羊頸肉實在精彩，剩下很多鮑魚沒人舉筷。

羊肉魚翅佛跳牆又是貴菜，每人一盅，要是吃完，其他什麼東西都不必踫了。結果大家只喝燉出來的湯，是很甜的。

玫瑰乾迫乳羊把肉質最柔軟的小羊斬成小圓球狀，以玫瑰露炆之，這道菜很受歡迎。極鮮煲是用鯽魚和羊腩煲湯，當然鮮。

豬耳吃得多，羊耳倒是新奇，咬頭和豬耳邊最幼細的部分差不多，但由於沒吃過的關係，眾人都讚好。

鹹香羊骨粥是把羊骨燒烤之後煮粥，一煲就是五個小時，味道全散發出來，精彩絕倫。

羊肉煎餃也夠味。大家吃不夠，再來一客蒸的，用蝦餃的做法，皮半透明，好吃。

這次，不得不破例，讓老闆李氏兄弟請客。

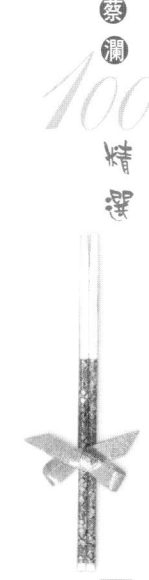

深圳市南山區蛇口工業八路61號一、二層
1 & 2 Floor, 61 Shekou Gongye 8th Road,
Nanshan District, Shenzhen

☎ (86 755) 2669 7168

🕐 10:30am-2pm, 5pm-9pm

🍽 重庆辣子雞、豬屁股 (魚腥草)、四川担担
麵、麻婆豆腐
Chongqing spicy chicken, pig's buttocks (herbal
houttuynia), Sichuan Dan Dan noodle, spicy tofu

老四川

LAO SICHUAN

麻婆豆腐上桌，味道香、
濃、辣、狠四個字，是第三道
極品。

The spicy tofu can be described as fragrant, thick, hot and spicy. It is the third best on the menu here.

四川菜最不容易做，如果客人只來吃擔擔麵，香港也只有一家做得住，深圳的情形也一樣。做得最久、最成功的一家，叫"老四川"。

地方可難找，在南山科技工業園裏面，周圍都是工廠，路彎彎曲曲，還要經過多條小徑。這種地方怎麼會有餐廳？這麼想時，面前就出現了。三層樓，很巨大，後面還有一個游泳池，真是怪到極點。

主人熱情地招呼，要弄一席宴客，我未到之前已在市內試了四五家不同的菜，胃袋再大也裝不下，堅持只吃擔擔麵和麻婆豆腐。這兩道菜最普通，也最難做得好。

之前我向友人說過有種四川野菜叫豬屁股，味道強烈，不喜歡的人掩鼻落荒而逃，愛上了像鴉片一樣上癮。大家不相信，以爲我又在騙人。

"有沒有豬屁股？"我問。

"剛從四川運到。"主人回答。

用了又麻又辣的醬拌了出來，座上十人，六個愛吃，其他的受不了那股像魚腥的味道，所以豬屁股也叫魚腥草，我相信你也會喜歡。

擔擔麵來了，每人一小碗。浮在上面的麵條怎麼會是白色的呢？用筷子一拌，下面的肉碎和醬料都呈鮮紅。一入口，對味，真是極品。有了豬屁股刺激，連吃兩碗。

忽然上了一大盤紅色東西，都是爆香的辣椒乾，從遠處已經聞到。撥開辣椒乾，才找到裏面的雞肉，又脆又彈牙，又是極品。

麻婆豆腐上桌，味道香、濃、辣、狠四個字，是第三道極品。

　　其他菜有酸菜魚、粉蒸排骨、蒜苗臘肉、糟汁辣鱸魚、泡椒炒牛蛙、大腸鍋、水煮牛喉⋯⋯數之不盡，下次組團帶各位去吃。等不及的話，自己去吧。

深圳市福田區振興路
Zhenxing Road, Futian District, Shenzhen

(86 755) 8324 6874

11am-11:30pm

火鍋、水煮豬腦、成都小吃
Steamboat, pig's brain, Chengdu snacks

BA SHU FENG

巴蜀風

這是民間傳說中的菜，從來沒嚐過，
原來是把四川的家鄉小食一小碟一小碟
上桌，全部是下酒的好料。

I have heard of this dish from folklore but never tried it until now. It is actually little plates of Sichuan home-cooked food served as snacks for drinking.

深圳大公報的記者小莫推薦我去一家叫"巴蜀風"的小館。我們一群五人殺到,是間三層樓的建築,擠滿了客,門口還要排隊。

室內裝修純樸,男女侍應穿民間服裝。近門處設了兩個攤位,一邊賣滷肉香腸斬件後夾大餅,一邊賣涼食。

火鍋在四川很流行,這裏也有,但見其他桌上擺的盡是些碟頭的菜。我點了幾道之後,等待上桌時先叫碟魚腥草來下酒,這種也叫豬屁股的葉子很惹味,拌得又麻又辣,連灌幾瓶大金威啤酒。

水煮豬腦上桌,由一個巨大的高身瓷碟盛著,上面飄著一層很厚的辣椒油,還撒著大量乾辣椒粉和山椒。吃進口裏,又滑又香,哪怕什麼膽固醇?膽固醇分好壞,人家吃的是壞的,自己吃的是好的。

吃得興起,再來麻辣內臟,有豬大腸、豬肚和豬紅,另有大量蒜頭沈在碟底,撈起來一顆顆狂嚥,再喝一大口辣湯,看得那位不敢吃辣的朋友心中發毛。

為了他,點一碟螞蟻上樹,應該不那麼刺激吧?豈知此君吃了還在大喊辣得要命。最後由他自己叫了雞蛋炒野菌。

過了晚上九點,才有"鬼飲食"可吃。這是民間傳說中的菜,從來沒嚐過,原來是把四川的家鄉小食一小碟一小碟上桌,全部是下酒的好料。據說在西漢時代已有,是卓文君做給司馬相如吃的,流傳至今已兩千多年。

聽鄰桌客人談話,都帶四川口音,喝的全是烈酒,大叫過癮,說在深圳旁的餐廳做的菜,全是淡出鳥來。

除了成都,在"巴蜀風"吃的最為正宗,各位去試就知道。

深圳市南山區後海大道名苑居綜合辦公樓
1-3層
1-3F, Ming Yuan Ju Office Building, Houhai Avenue,
Nanshan District, Shenzhen

☎ (86 755) 2641 9666

🕐 10:30am-2:30pm, 4:30pm-9:30pm

🍽 荷香糯米排、藜蒿炒臘肉、竹篇烤鯽魚
Glutinous rice wrapped in lotus leaf, *ligao* stir-fried
with preserved pork, roast carp on bamboo sheet

MINJIAN WAGANG
SOUP RESTAURANT

民間
瓦缸煨湯館

特色小菜有竹篇烤鯽魚，是真正用
一片竹篇盛著上桌，鯽魚上面鋪著很
多條烤得發焦的蔥，蔥味入肉中，很
特別，也很好吃。

The roast carp, served on a piece of bamboo
sheet, is covered with strips of spring onions
that are fried until almost burnt, the onion's
flavour is very distinctive.

張先生帶我們去的那家深圳菜館，門外寫著東北菜、湖南菜、四川菜和粵菜全部有得供應。心中發毛，那麼多地方的菜都會做，一定只是半桶水，怎麼好吃？

斜對面開的那家一看不同就是不同，門外擺著六個一米方圓的大瓦缸，呈褐紅色，極吸引過路人的注意力。

我手一指，非試不可。走進去，地方寬敞，我們旅行團的80個人，絕對坐得舒服，這是先決條件。

原來這是一家叫"民間瓦缸煨湯館"的餐廳，特製各種燉湯，放在那六個大缸中煨七個小時。侍者用鐵鉗子把一鍋鍋的湯夾出來，熱騰騰上桌。

這裏的湯有蓮藕棒骨、豌豆排骨、豬腳黃豆、元肉煨烏骨雞、生魚豆腐、茶樹菇煨排骨、老鴨煨豬肚、香菇土雞、竹蓀醬蘿蔔煨老鴿、雙鞭、金菇煨石鴿、水魚北芪煨土雞、海龜野鴨和花旗參蟲草龜蛇等。

點了幾個，味道果然好，礦泉水做底，真材實料，絕對沒下味精，這是外江佬的煲湯，但也不比廣東阿二做得差。

特色小菜有竹篾烤鯽魚，是真正用一片竹篾盛著上桌，鯽魚上面鋪著很多條烤得發焦的蔥，蔥味入肉中，很特別，也很好吃。

鄱湖蒸魚頭是把一個大魚頭分瓣，蒸熟之後放在碟底，上面鋪著一層很厚的榨菜和辣椒，刺激得要命。淋上魚汁，可吃白飯三大碗。

說到飯，這家人用一個蒸籠上桌，裏面是用糯米包著一枝枝排骨，排骨已經蒸得軟熟脫骨，肥的部分滲進米飯中，淋上醬油，包你停不下筷子，不說特別不收錢。

深圳市羅湖區建設路1038號德興大廈1-3樓
1-3F, Dexing Building, 1038 Jianshe Road, Luohu District, Shenzhen

☎ (86 755) 8233 4589

🕐 7am-11pm

🍽 綠茵白兔餃、鵪鶉千層酥、千層羅蔔酥、鴛鴦靚腸粉
Dumpling in rabbit's shape, quail egg thousand-layer crisp, carrot thousand-layer crisp, sweet and salty *changfen*

PAN XI RESTAURANT

另一道齋的是千層蘿蔔酥，是以潮州月餅式的千層皮技巧做出，中間的蘿蔔乾切成粉絲般的細條，一咬甜汁流出，問你服不服。

Another vegetarian dish is the carrot thousand-layer crisp, which is made with the multi-layer technique of Chaozhou mooncake. The thinly-sliced dried carrot in the middle is fantastically sweet.

廣州的百年老店"泮溪酒家"，一向以點心著名。他們在深圳開的分店，也有這個傳統，點心師傅的地位比燒菜的高。

認識了該店的副總經理徐慶明之後，由他介紹了點心部主管、特級點心師陳穗生。

與陳師傅聊了又聊，前後去了四五次，每一回都由他身上擠出些被遺忘的菜譜，做出來後試了又試，終於弄出15道點心來，其中只有兩種是一般客人嚐過的。

其一是家鄉螺肉粥。與陳師傅研究時說要一個粥，本來豬紅味最佳，但嫌太平凡，陳師傅想起小時吃過用螺肉螺頭熬出的粥，就決定下來了。

其二是綠茵白兔餃。香港師傅也做得出像白兔一樣的蝦餃，只是不肯下多餘的工夫，但這裏吃的不但外形美，餡也地道，蝦和豬肉的分配恰好，不像香港的一味多蝦。

鵪鶉千層酥就很難吃得到了，酥是一圈圈烘好搭上去的，中間有鵪鶉肉爲餡，最後一層用鵪鶉蛋煎成荷包蛋形，蛋黃還是軟滑的，那種細工，令人歎爲觀止。

鍋貼上桌，原來是用豆腐爲餡，還是第一次吃。豆腐爲餡的構想相當奇特，但嫌味淡，大師傅加上了雪菜就剛好，也能成爲一道上等的素食。

另一道齋的是千層蘿蔔酥，是以潮州月餅式的千層皮技巧做出，中間的蘿蔔乾切成粉絲般的細條，一咬甜汁流出，問你服不服。

鴛鴦靚腸粉絕對不是普通腸粉可比，一邊甜一邊鹹，前者本身比白糖糕更美味，蘸花生醬吃；後者中間加了欖角，蘸的是以欖角磨成的醬末，是點心中的絕品。

再下來的香蕉六和卷、蜆肉韭菜角、鴛鴦糕、黃金雞粒餅、馬蹄糕、甘筍香芋泥、山楂玉液盞，這裏不一一介紹了。叉燒包一打開是綠色，以芥蘭爲餡，叉燒粒佐之。

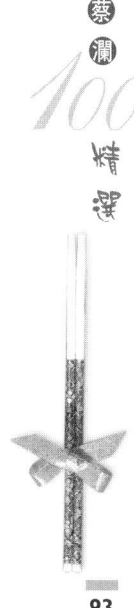

香港

Hong Kong

九龍尖沙咀彌敦道67號凱悅酒店2樓
2F, Hyatt Regency Hong Kong, 67 Nathan Road,
Tsimshatsui, Kowloon

☎ (852) 2311 1234

🕐 12nn-3pm, 7pm-11pm

🍽️ 希戈火焰龍蝦湯、香煎法國鮮鵝肝伴梨蓉、
希戈凱撒沙律
Lobster bisque, fresh goose liver, Caesar's salad

HUGO's　希戈
餐廳

　　隊菲律賓樂團爲你演奏各種歌曲，他們在
香港時間最久，從什麽 Sakura' Sakura 到
Arirang，我還聽到他們唱《楚留香》，咬字之
準，有點鄭少秋味道。

A Filipino band is performing all kinds of songs. They
can sing *Sakura, Sakura* and *Arirang*, and even the theme
song from *Chu Liu Xiang*, the diction of which is quite close
to Adam Cheng.

在九龍凱悅酒店二樓的 Hugo's，已經有長久的歷史。酒店裝修過數次，Hugo's 還是那個老樣子，數十年不變，它的古典式傳統裝飾，不必去改也不會過時。

並不像跑馬地的 "Amigo" 那麼有情調，Hugo's 不是引誘女朋友的好地方，家庭生日宴會、招待外國貴賓等，倒是很適合的。你會發現許多鬼佬去了 Hugo's，連連驚歎它的食物之佳、服務之好。

一進門，就可以看到一輛手推餐車，上面鋪著碎冰，擺著活生生的龍蝦，法國、波士頓的都有。德國小鹿肉排、歐洲生蠔、神戶牛柳、地中海鮮魚，一星期三次，由各地空運而來。

Hugo's 有許多名菜，但是我還是推薦你叫餐車上最新鮮的原料，Hugo's 的烹調技術一流，絕對會做到客人滿意為止。

一隊菲律賓樂團為你演奏各種歌曲，他們在香港時間最久，從什麼 Sakura' Sakura 到 Arirang，我還聽到他們唱《楚留香》，咬字之準，有點鄭少秋味道。目前點唱得最多的還是 Unchained Melody。

Hugo's 的老大是 Benny，Hugo's 有多久他就有多久，Benny 招呼周到，無處不在（只有你不需要他的時候才不在）。

當然，Hugo's 的價格是貴的，平均頭盤200、湯100、主食400。點普通一點的材料，價錢減半。

吃西餐，最貴也貴不到哪裏。要命的是它的酒，但在 Hugo's 你可以從一瓶730元的86年 Rose D'anjou，到一瓶2500元的75年 Chateau Margaux 中選擇。

吃東西的人，應該什麼地方都去試試，由最便宜吃到最貴。怎麼吃，也吃不窮人。吃西餐，價錢往往會便宜過粵菜的"時價"。

輸在麻將，栽倒在一場馬，已經足夠你在 Hugo's 享用幾餐。

香港人嘛，沒有什麼地方吃不起的。

九龍尖沙咀梳士巴利道22號半島酒店1樓
IF, The Peninsula Hong Kong, 22 Salisbury Road,
Tsimshatsui, Kowloon

☎ (852) 2315 3171

🕐 12nn-3pm, 7pm-11pm

🍽 暖大西洋龍蝦、鵪鶉蛋湯、美國安格斯牛排
Atlantic lobster, Quail egg soup, USA Angus steak

GADDI's 吉地士

接下來的菜是將龍蝦剁碎生吃，再把蝦鉗肉製餡，包進小小的意大利餃子包內，烚後上桌。龍蝦吃法一冷一熱，是此菜特色。

The next dish is to team raw lobster meat and with cooked pincer meat stuffed into ravioli. To combine cold and warm lobster meat is the specialty of this dish.

廚房是一家餐廳的心臟，能夠在其中進食，是種很大的樂趣。尖沙咀半島酒店的 GADDI'S，目前就有這種服務。當然，訂座需時。

從地下乘電梯登上二樓的餐廳，再經過餐桌進入廚房，就看到一張用不銹鋼製造的桌子，只能容納四個客人吧了。

叫了飲品之後，這家餐廳的主廚 Philip Sedgwick 出來打招呼，是個英國人，30多歲。真奇怪！怎麼請了這麼一個英國人來主掌法國餐廳？原來他年紀雖輕但已經有過在法國和世界各地長時間的廚房經驗，方可勝任。

菲力浦活力充沛，才能和酒店管理層達成讓客人入廚房進食的協議。準備好食物後帶我們參觀整個廚房，佔地萬多呎，所有設備都是最新的，動用人員120個，當然是服務整間酒店的飲食，不止一家餐廳。

最後菲力浦故意讓我們看的是垃圾處理間，一堆堆的包裹放進專用電梯送出後門，乾乾淨淨，一點異味也沒有。

今天吃的是午餐，不必太飽，只有幾道菜。頭盤是菲力浦自製的鵝肝醬，原料由法國進口，醬自己調配後把鵝肝裝入袋中，再擠出過肥的油，用砵酒醃之，女士們可安心食之。我則嫌不夠油，但砵酒帶甜，也覺得可口。

接下來的菜是將龍蝦剁碎生吃，再把蝦鉗肉製餡，包進小小的意大利餃子包內，焓後上桌。龍蝦吃法一冷一熱，是此菜特色。

最後是牛柳，用四支紅酒加配料烘熱，再慢慢把牛柳浸到剛剛夠熱。燒烤及煎炸牛扒吃得多，用浸熟的來換換口味也不錯。

甜品是慕斯和白咖啡雪糕，分量剛好，不覺沈重。

吃牛柳時菲力浦推薦我們用的是最高級的岩鹽，味道與一般鹹死人的完全不同，很清淡，多下一點也沒問題。鹽的牌子是 Fleur De Sel Guerandais。

　　順帶一提，菲力浦做的 Brioche 麵包很鬆化，連我這個不愛吃麵包的也吞了兩片。

　　大廚餐桌的午餐價錢為每位588，晚餐多幾道菜，為988一客。

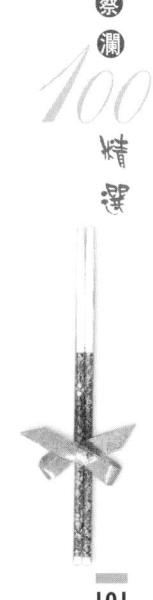

🏠 九龍尖沙咀麼地道69號帝苑酒店3樓
3F, The Royal Garden, 69 Mody Road, Tsimshatsui, Kowloon

☎ (852) 2733 2000

🕐 12nn-2:30pm, 6pm-11pm

🍴 生火腿、海鮮飯、細麵
Parma ham, Risotto Alla Pescatora, Tonnarelli

SABATINI

原來這火腿是選一種腿部特長的豬隻做的，要風乾六個月以上才能吃，這種豬不像普通豬那麼肥，脂肪少，做出來的生火腿是天下極品。

The ham, made from pigs which have longer thighs, needs to be air-dried for six months. These pigs are less fatty than normal and the ham produced is top-class.

老 店開在羅馬 Trastevere 廣場的 SABATINI，自1954年營業至今，相當於我們這裏陸羽和鏞記級般的老餐廳。這數年來他們在東京開了三間分店，現在出現在香港，是不是像麥當勞一樣把版權賣給當地人？

進門一看，竟然是由原店店主沙拔天尼兄弟親自來港經營的，兩兄弟監督著食物的水準，當然不會本地化，在這裏吃的意大利餐，保證是正宗的。

問老大沙拔天尼說爲什麼肯花時間在這裏招呼客人，他回答："每一間店我都當它是兒子，怎麼可以一開始就讓別人去養？"

先來個生火腿 Parma Ham，一進口就知道不同。生火腿到處有，能有此種特別香味的到底不多。

沙拔天尼老哥讚我識貨，原來這火腿是選一種腿部特長的豬隻做的，要風乾六個月以上才能吃，這種豬不像普通豬那麼肥，脂肪少，做出來的生火腿是天下極品。

本來生火腿要佐以蜜瓜，但這裏的就那麼乾吃也行。不配果實，更原汁原味。我十分慎重地推薦，請君試試。

SABATINI 沒有天使頭髮的麵條，大概是這種細麵，加州的人特別喜歡吃，給美國化了，所以不屑爲之。代替天使頭髮的是一種叫作 Tonnarelli，麵身也很幼細，和生火腿、香菇一齊吃，但是加上一種忌廉，就太膩了。點這道菜可以吩咐不要加忌廉。

海鮮飯 Risotto Alla Pescatora 和一般半生不熟的意大利飯不同，做得濕濕的，很適合我們的口味，單單叫這道菜，已能飽腹，要是把這裏的意大利套餐全吃的話，保管變成大肥婆。

他們的肉類和魚也都做得十分有水準，最近意大利菜在香港興起，各地開了很多家，但是要論最好，我還是首選SABATINI。它還有一間供私人宴會的幽靜廳房，如果你不讓沙拔天尼老哥親自進來唱歌的話。

🏠 九龍尖沙咀加拿芬道25-31號國際商業信
貸銀行大廈8樓
8F, BCC Building, 25-31 Carnarvon Road,
Tsimshatsui, Kowloon

☎ (852) 2722 6506

🕐 12nn-4pm, 6pm-11pm

🍽 海鮮辣湯、燉牛骨肉、牛腸窩
Spicy seafood soup, beef rib stew, entrails and
vegetable stew

LEE FA YUEN
KOREA HOUSE

梨花園

除了烤肉，梨花園的水準要高出其他
人家數級，單單它的泡菜，一看顏色就知
道不同。

*Lee Fa Yuen's standard is way above other
restaurants. Besides the BBQ meat, the kimchi is
also very outstanding, just going by the colour of
the vegetables.*

"梨花園"是家老字號的韓國館子，最初在東英大廈，是香港消費最高者，有伎生陪酒，令客人使盡腰間錢。現在成為正正式式的韓菜，沒有了女人味，食物還是全港最正宗的，價錢也相當大眾化了。

不明白為什麼還有那麼多人喜歡去"滿拿"等低級韓館，也許，只吃烤肉，沒有什麼分別。

但是，除了烤肉，梨花園的水準要高出其他人家數級，單單它的泡菜，一看顏色就知道不同。梨花園的特點是它的小菜多，一個客人送上五、六碟，分韓國人吃的和本地人吃的兩種，你去的時候一定得說明要前者，後者淡出鳥來。

我到梨花園從來不喜歡叫烤肉或人參雞，它的特色菜是海鮮辣湯、生牛肉、燉牛骨肉和牛腸窩等。

用菜葉包來吃的食品，種類也很多。

如果喜歡麵食，它有冷麵，我卻不推薦，韓國麵條相當硬，冷冰冰、酸溜溜的湯，也不是各位能吃得慣的，可是韓式撈麵倒是一絕，花生辣椒醬和泡菜亂搞一通，極能溫胃。

點菜時要是能用韓國語應付，那當然是最高指示。起初不會，可向該店的胡先生請教，或者說"要蔡瀾那小子吃的那種！"也行。

九龍尖沙咀廣東道88號地下
GF, 88 Canton Road, Tsimshatsui, Kowloon

☎ (852) 2199 7799

🕐 周一至周四: 10am-12mn; 周五: 10am-1am;
周六: 7:30am-1am; 周日: 7:30am-12mn
Mon-Thurs: 10am-12mn, Fri: 10am-1am,
Sat: 7:30am-1am, Sunday: 7:30am-12mn

🍴 原木桶豆腐花、鮮芒果凍布甸、手生磨合桃露
Tofu jelly, fresh mango pudding, walnut sweet soup

THE SWEET DYNASTY 糖朝

用小木桶裝豆腐花還是很受歡迎，客人可以自己舀來吃，加糖水或加醬油、辣油，鹹甜皆宜。

The tofu jelly in miniature wooden barrel is very popular with customers. It can be eaten sweet or salty by adding syrup or soya sauce and chilli sauce.

在廣東道上的"糖朝",還是我愛去的,近來把隔壁也租了下來,打通之後,比以前大兩倍,寬敞得多。

甜品維持水準,他們的杏仁露、合桃露都堅持用新鮮的果仁炒後手磨的,價錢和剛開店時一樣,只賣15元左右。

用小木桶裝豆腐花還是很受歡迎,客人可以自己舀來吃,加糖水或加醬油、辣油,鹹甜皆宜。高價的有椰汁清燉官燕,要賣到200元,原料貴嘛。

說是去"糖朝"吃甜品,但店裏的收入,還是以鹹點居多,這間舖子已經由甜品店變爲一家餐廳,早中晚都有飽腹的佳餚。

除了本來就有的雲吞麵、水餃、各種粥和糭子之外,當今的"糖朝"加了魚蛋、貢丸等潮州和台灣的小品。

新加的還有特色小菜,如醬爆吊片榨菜、椒鹽豆腐粒、XO醬香芹豆乾等小碟,即叫即上,是下酒的好選擇。

試過他們的菠蘿生炒排骨,這一類像咕嚕肉的東西很難做得好。師傅把排骨炸得很香,外面那層皮薄得不能再薄,,不似一般的咕嚕肉那樣吃得滿嘴是粉。

精彩的有"先生炒飯",爲什麼叫先生?是不是老公炒的?非也非也。先生炒飯是又便宜又多又好吃的炒飯,用來孝敬學校裏的老師。這個炒飯用蝦醬和叉燒來炒,簡單又惹味,一大碟只賣45元。

另一種"糖朝"炒飯,是他們的招牌菜。一看之下白雪雪地沒什麼大不了,翻了一翻,才知道隱藏了帶子、蝦、魚肉和蛋白,又加了大量薑汁,暖胃又好吃。

"糖朝"已經是家傳戶曉的名牌,這次到紐約,見唐人街也有人用同樣名字開了一家,澳洲等地也紛紛抄之,但是女主人洪翠娟笑嘻嘻地說都不是她開的,別人要抄,就抄好了。

九龍尖沙咀加連威老道98號幸福中心LG5

LG5, Energy Plaza, 98 Granville Road, Tsimshatsui, Kowloon

☎ (852) 2367 8519

🕐 7pm-1am

🍽 各式串燒
BBQ chicken

GOMITORI 五味鳥

"五味鳥"做的"手羽燒"真是一流，肉質柔軟，用手指撕來吃，慢慢細嚼，不能說是天下絕品，但也另有風味。

Gomitori's BBQ chicken wing is very good. The meat is tender and soft. Eat slowly with your fingers and savour its special taste.

"我要去一間真正有日本味道的燒雞店，去哪裏找？"朋友問我。

蘭桂坊、銅鑼灣開了好幾家，但都太香港化了，答案是在尖沙咀東部的"五味鳥"。

燒雞，日本叫燒鳥，什麼雞都變成鳥。

通常，小店字號多叫"屋"。"五味鳥"（Gomitori）千萬別叫成"五味屋"，因爲"五味"讀成 Gomi，和垃圾的 Gomi 發音一樣。如果你記錯，說"五味屋"（Gomiya），聽起來便是倒垃圾的人了。

"五味鳥"的老闆娘是一個中年婦人，她十多年前跟一家日本餐廳的班底來了香港，從此住下，開了這麼一間地道的小館子，你一進去，就像走進新宿或新橋的燒鳥屋一樣，客人都是日本人，十足日本味。

老闆娘的日語叫"女大將"（Okami），這位老闆娘真的有點大將之風，矮矮胖胖地坐鎮指揮，穩如泰山。

中國人比較愛吃的燒雞部分是雞翅膀，日本人叫做"手羽燒"（Teba Yaki）。"五味鳥"做的"手羽燒"真是一流，肉質柔軟，用手指撕來吃，慢慢細嚼，不能說是天下絕品，但也另有風味。

雞皮也是我們喜歡的，日語叫"皮燒"（Kawa Yaki），"五味鳥"的皮燒烤得有點焦，咬起來脆脆的，美味也。

但香港人多不吃皮，怕肥。在九龍城菜市的雞檔，客人買隻雞煲湯，都請小販把皮剝了扔掉，那多可惜！我想所有的日本燒鳥店都向小販討雞皮回來，成本免費，燒給客人吃，一定賺到笑死。

燒內臟如雞肝、雞心等也很受中國客人歡迎。日本人在戰後貧窮，開始吃內臟，以前是不敢碰的。在燒鳥店裏說吃什麼心呀肝呀，不嚇死他們才怪，所以日本人把它美名，叫做"荷爾蒙燒"（Horumon Yaki）。

　　在香港吃燒鳥，比日本燒鳥好吃，因爲日本人吃不到新鮮的。他們一切都是冷凍，吃雞時看不到全雞，雞店裏賣的雞，都是一盤盤的，分胸肉、翅膀和雞髀等部分，有些店還把雞屁股排成一大盤，整整齊齊地數百個，個個都望著你笑呢。

九龍九龍城福佬村道4號地下
G/F, 4 Fuk Lo Tsun Road, Kowloon City, Kowloon

☎ (852) 2382 2369

🕐 7am-2am

🍽 煲仔飯
Hot pot rice

添樂園 TIM LOK YUEN

最出名的當然是他們的"煲仔飯"。移民到外國的朋友，返港後第一個要吃的不是山珍海味，很多人都要我帶他們去吃煲仔飯。

Their famous dish is the hot pot rice. Friends who have been emigrated to other countries asked not for delicacies but for this dish when they return to Hong Kong.

"添樂園"在九龍城算是老字號了，一開就開了20多年，不容易。

最出名的當然是他們的"煲仔飯"。移民到外國的朋友，返港後第一個要吃的不是山珍海味，很多人都要我帶他們去吃煲仔飯。

南洋的友人更是喜歡，他們那裏天氣熱，少嚐此味。台灣人也沒吃過，長榮航空公司的老闆來港，非指定吃煲仔飯不可。

"添樂園"門口鋪著數十條煤氣管，爐上放好煲仔，在客人面前表演，讓你知道你吃的是些什麼東西。

仔細觀察，把米浸在水裏，撈出來放進煲中。臘味一早放入，開猛火，一燒就燒個十分鐘，即成飯，淋上老抽，加點熟油，就那麼上桌。

較易熟的菜餚，如魚腩、魚雲等，便要煲個七、八分鐘，等飯快熟，才下材料，菜心、芥藍等，再煲二、三分鐘即成。

煲煲仔飯，根本就沒有什麼秘訣。"添樂園"煲得好，是因爲他們天天煲，總抓到一個準則。時間的控制，完全是熟能生巧。你們要是在家裏想學煲，失敗了幾次，也一定成功。

我自己也喜歡自炊煲仔飯。首先，買個最小的沙煲，先浸一夜水，第二天便能用。至於是否塗一層生油，是不重要的。

在沒有電飯煲的時代，我們將米洗乾淨，加水，把手放平壓在米上，看水的分量剛好是在手掌和手腕的關節處，炊之即成。但是煲仔飯不能用這個方法，主要是把米浸濕即可。水的分量，儘量減少。

"添樂園"從前是很小、很簡陋的館子，現在裝修得漂亮。人就是那麼賤，認爲一裝修，東西就沒那麼好吃。

　　這倒不是偏見，數十年前的"添樂園"，淋在飯上的是豬油，香得不得了。現在用花生油或粟米油代替，當然遜色得多。

　　我將繼續探求最完美的煲仔飯食肆，屆時再一一介紹。

九龍九龍城侯王道85-87號地下
G/F, 85-87 Hau Wong Road, Kowloon City, Kowloon

(852) 2382 1788

11:30am-2am

火鍋
Steamboat

FONG WING KEE 方榮記

　　吃進口就知輸贏，又香又甜，肉質柔軟帶彈力，嚼後一點渣也沒有。我帶賣神戶牛肉的朋友去，他也服了。

*B*ite into the fatty beef to taste its sweetness and tenderness. I bring along a friend who sells Kobe beef to try this dish and he is impressed too.

天一涼，即刻想起打邊爐。當今火鍋店林立，去哪一間好？最後還是決定到老字號的"方榮記"。

"方榮記"是第一家採用肥牛的舖子。記得舊店東，綽號金毛獅王的方先生，每天早上勤力地到各地牛肉檔收購，爲數也不多。

不是每一隻牛都有肥牛那個部分，瘦一點的就沒了。30多檔收集起來，不過十數斤，金毛獅王去世，現在這個傳統還在，由他的夫人一早四處集貨，多年不變。

第一次嚐到肥牛也是在"方榮記"，是由《東方日報》的老總周石先生帶我去的。一吃進口就知輸贏，又香又甜，肉質柔軟帶彈力，嚼後一點渣也沒有。我帶賣神戶牛肉的朋友去，他也服了。

別的地方也賣肥牛，但以美國進口的冷凍貨居多。新鮮的，"方榮記"不斷供應。

因爲貨源不足，一下子賣光，所以有些客人到了那裏吃到普通的，就說沒有我介紹的那麼好。有的會說："你當然啦，你是老客人。"

這話不能這麼說，你一早訂，還是吃得到的。臨時走進店裏，指定新鮮肥牛，賣完了就告訴你賣完，絕不虛假。價錢也物有所值，小碟的賣60，大碟的80。

豪華點可叫龍蝦，象拔蚌、生劏鱔魚來打邊爐。經濟點吃鯇魚片、豬皮、肝、腰、心臟和粉腸，加上豬肉丸、墨魚丸、水餃、魚餃和一大碟粉絲或麵，每次吃得捧著肚皮走出來，也不是很貴。

我喜歡在香油中加蒜茸和蔥碎、芫荽碎，大量地加，吃了才過癮。最後淡了，把煮得又濃又香又甜的湯倒進去，喝一口，不羨仙。

"方榮記"隔壁幾家店舖都是金毛獅王的產業,現在拿下一間重新裝修,地方乾淨舒服。三家店開在一起,廣闊得很,加上開到深夜,又有代客泊車,實在是個好去處。

　　剛去的時候兩個兒子還小,現在都當家。大兒子的名字,我們忘了,大家都叫他摩羅。他很喜歡研究紅酒,你如果要喝好的可以和他商量,他會把私人珍藏拿出來賣給你。小兒子服務殷勤,在店裏忙個不停。金毛獅王大嫂看得歡慰。

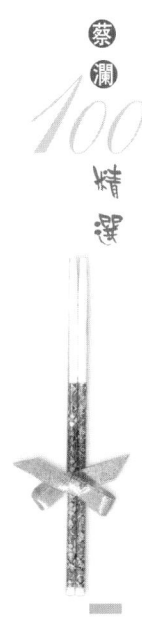

九龍九龍城衙前圍道17-19號A地下
G/F, 17-19 Nga Tsin Wai Road, Kowloon City,
Kowloon

(852) 2383 7170

11am-12mn

炒豬雜
Stir-fried pig's organs

粗菜館

TSO CHOI
RESTAURANT

主角是"炒豬雜"，這道菜極難炒得好，
我們只聽過燉豬肚、煮粉腸，很少炒。這家
店的大師傅手藝高超，能把豬膶也混來炒。

*T*heir main dish is stir-fried pig's organs, which is
difficult to execute perfectly. Pig's stomach and pig's
intestine are often stewed, but seldom are they stir-
fried. The chefs are so highly-skilled that they can even
stir-fry pig's liver.

在食肆一片結束營業的蕭條景象中，"粗菜館"能在九龍城生存，是有它的道理的。

九龍城並不被認爲是個高尚的地方。顧客老遠去，目的是好吃、便宜和花樣多。要是做不到這三點，遲早要關門。

"粗菜館"很謙虛，字號已說明是"粗菜"，菜式不花巧，不花錢在裝修上，每碟菜也不過是30幾塊，叫個十碟，300多塊幾個人吃豐富的一餐，簡單明瞭。

主角是"炒豬雜"，這道菜極難炒得好，我們只聽過燉豬肚、煮粉腸，很少炒。這家店的大師傅手藝高超，能把豬膶也混來炒。豬膶、豬肚、豬腸這三種材料，肉質的纖維組織根本不同，以猛火炒之，豬膶能炒熟，肚和腸就太生；肚和腸炒熟，膶又太老。

會不會是把肚和腸先滾熟的呢？到廚房去觀察，看到材料都是生的，一起下鑊，絕非事前做手腳。

研究了幾次研究不出，後來跟大師傅一起上菜市，才懂得竅門。原來豬膶用普通的大豬，豬肚用中豬，而豬大腸和粉腸則從小豬檔子進貨，真是行行出狀元。

此店的粥也做得極好，絕非虛言，任何食家都挑不出它的毛病。問大師傅如何煲法，他笑著回答："按照老方法煲，不花巧，不就行了嗎？"

鮑魚汁乳鴿也不錯，所謂鮑魚汁，當然沒有鮑魚，是以滷鮑魚的汁料用在乳鴿上，價錢便宜，也不能要求太高。

香脆辣魚腩是下啤酒的好餸，炸得除去鯇魚的草味，香料下得適中，是秘訣。

這家店也大膽地用豬腦為材料，豬腦已不是每家人夠膽賣的東西，在香港已難找。雞蛋煎豬腦實在好吃。生薑豬腦湯，我們做小孩子的時候，何曾未被媽媽強迫喝過？懷舊一番，管它什麼膽固醇高！

　　蜆蚧牛肉和蜆蚧雞也做得好，通常吃這幾道菜總覺得蜆蚧下得不夠，可叫侍者大量添加，不用客氣，吃個過癮。

九龍九龍城衙前塱道14,15, 23, 25 & 27
號地下
G/F, 14, 15, 23, 25 & 27 Nga Tsin Long Road,
Kowloon City, Kowloon

(852) 2716 7318

11am-1am

炒咖喱蟹、活蝦刺身、五香三色菜豬手煲
Curry crab, shrimp sashimi, pig's trotters in hot pot

CAMBO THAI RESTAURANT

金寶
泰國菜館

酒力不勝的人，吃泰國菜時最好是叫一顆椰青，把鮮甜的椰汁倒在啤酒杯中，再用來勾烈酒。試過之後，無不讚好。

For those who don't take alcohol well, the best drink to go with Thai food is to mix fresh coconut juice with hard liquor. One try and you will be hooked.

生日那天，親友建議去高尚餐廳吃魚子醬香檳，但我還是選了"金寶泰國菜館"。

對"金寶"有印象，是去專賣泰國雜貨的"昌泰"光顧時，問老闆說："九龍城那麼多家泰國菜館，哪家最好？"

"大家都是同行，說出來怕得罪人。"老闆說。

"那麼誰來買材料時最挑剔？"我換了問題。

"姓吳的。"老闆回答。

在九龍城開泰國餐廳，姓吳的不多。打聽一下，即刻知道是"金寶"！

吳創木一點也不像個餐廳老闆，瘦瘦小小，前額略禿，有如公司的文書。見到我來，說今天有活蝦，特別急凍一下，為我做了泰國式的活蝦刺身。這道生蝦肉用鹽水洗淨，鋪了紅蔥頭和泰國指天椒，再擠了青檸汁淋在上面，加大量的蒜頭殺菌，吃了肚子絕對沒有問題，比起日本的活蝦刺身"舞踊"（Odori），更勝一籌。

吃刺身，最好是配烈酒，白蘭地、威士忌皆佳。酒力不勝的人，吃泰國菜時最好是叫一顆椰青，把鮮甜的椰汁倒在啤酒杯中，再用來勾烈酒。試過之後，無不讚好。

"金寶"的炒咖喱蟹也不錯，分量極多，和定價不成比例。吳老闆說："一家餐廳，總有些只賺本錢的菜，讓顧客感到物有所值，才會再回來吃嘛。"

當晚人數不多，但大家懷著吃不完打包的心理，拼命亂叫——醃粉絲沙律、辣椒膏炒青蠔、蒜椒炒牛肉等，還有蔬菜類的鹹魚炒豆芽、馬來棧炒通菜。吃興大作，連填滿肚子的泰式炒粉、牛肉丸湯粉、泰式炒飯也各來一客。當晚的焗海鮮是用錫紙包著，如果有小金瓜上市時，則把魚蝦蟹和椰汁填滿金瓜中焗，更加理想。

　　"冬蔭貢"熱騰騰地上桌，上面浮著一層紅顏色的大頭蝦膏油。這個湯只能趁熱喝，冷了便失去原味。吳老闆怕夥計忙，放在櫃檯上等他們拿到餐桌已冷。看到手下拿了大湯匙前來，才肯叫廚房出菜，真是難得。

九龍九龍城啓德道31-33號地下
G/F, 31-33, Kai Tak Road, Kowloon City Kowloon

☎ (852) 2718 1088

🕐 11:30am-11:30pm
周一至周五：2:30pm-5:30pm休息，公共假期除外
closed Mon-Fri: 2:30pm-5:30pm, except public holidays

🍽 蒜子青胡椒大蝦、泰式至尊鐵板蠔仔蛋
Prawns with garlic and green pepper, Teppanyaki
oyster and egg omelette

泰地道
泰國餐廳

HOT BASIL THAI CUISINE

還有一碟"鹹魚炒椰菜苗"，用的當然是地道的泰國鹹魚，豆苗吃得多，椰菜苗倒是罕見，只有人工便宜、土壤肥沃的泰國，才那麼刁鑽地吃椰菜的苗，由當地新鮮運到。

The ingredients used are authentic Thai salted fish and cauliflower shoots. We usually eat pea shoots, but not the shoots of cauliflower, so they are air-flown from the fertile lands of Thailand where labour is cheap.

金不換，原名羅勒，英語爲 Basil。

自古由伊朗和印度傳入歐洲和中國，種類很多，大葉如嬰兒手掌，叫做紫蘇，味道已和金不換相異；更大的像高麗菜葉，意大利人極喜用；小葉呈心形，是愛情的象徵。

我們吃的是拇指般大的 Common Basil，西餐慣用，尤其是注重健康食品的人，非它不歡。從前極爲難得，故潮州人稱之爲金不換。

九龍城啓德道有家專門賣泰國食品的店舖叫"昌泰"，主人自己愛吃泰國菜，就在隔壁開了"金不換"這間餐廳。由於地點比較偏僻，較少人知道，但由九龍城舊機場富豪東方酒店（原爲富豪啓德酒店）走過一條街就是。熟悉了，地點反而好找。

很多香港人去了泰國旅行，愛上當地的菜餚，回來後光顧泰國餐廳，總呱呱叫道："怎麼和我在曼谷吃的不同？"

理由很簡單，經營者爲了"迎合"本地人口味，作了調整，這一調整和迎合，什麼東西都走了樣。

還有一個重要的原因，是難於找到的泰國原料就不用。這一來，這裏差一點，那裏少一點，堆積起來，也就不像樣了。

那天去"金不換"，吃了"青芒果伴炸塘虱魚鬆"，和在泰國吃到的絕對相同。

還有一碟"鹹魚炒椰菜苗"，用的當然是地道的泰國鹹魚，豆苗吃得多，椰菜苗倒是罕見，只有人工便宜、土壤肥沃的泰國，才那麼刁鑽地吃椰菜的苗，由當地新鮮運到。

九龍城附近的許多泰國餐館，原料都是由"昌泰"入貨。但是那些偏門的，味道古怪到極點的蔬菜，就不買來做了。

在"金不換"吃東西的好處，是你可以先到隔壁的原料店去，看到你認得的魚、蝦、肉和蔬菜以及各種香料，買了下來，拿去"金不換"叫大師傅炒，他們絕對願意爲你服務，而且只收少許工錢。

找不到但形容得出的，可向老闆形容，第二天的飛機，即刻運到。近水樓檯先得月，在九龍城吃泰國菜，是最佳選擇。

（按：泰地道泰國餐廳的前身，即爲金不換泰國餐廳）

九龍油麻地西貢街11號
11, Saigon Street, Yau Ma Tei, Kowloon

☎ (852) 2384 7355

🕐 7:30am-12mn

🍽 鮑魚粥、薑蔥白灼腰肝、生薑皮蛋
Abalone congee, onion ginger with pig's kidney and
liver, century egg with ginger

NATHAN CONGEE &
NOODLE SHOP

彌敦
粥麵

店 很小，坐不下那麼多人，旅遊巴士載
來一車車的客人，只能供應外賣，用塑膠碗
裝著，一人一碗在車上吃。

The shop is so small that it can only accommodate
a few people. For the bus-loads of tourists, they will
have to eat take-away style in the bus using plastic
bowls.

忽然想起西貢街的"彌敦粥麵"，好幾年沒去了，像是去探望老朋友。

從第一次來香港光顧，至今40多年。

"還是用車輪鮑嗎？"我問老闆林謂昌，他就是每天勤勞地守著門口粥檔的那個人，堅持用最好的食材。

他點頭說："從18元一罐賣到最高500元，現在回落，也要四百二三。"

別小看這碗當今95元的鮑魚粥，它聞名東南亞，來到香港就要去彌敦吃一碗，才算不虛此行。

店很小，坐不下那麼多人，旅遊巴士載來一車車的客人，只能供應外賣，用塑膠碗裝著，一人一碗在車上吃。

這裏的金牌粥也要賣同個價錢，內容有鮑魚、珍珠蚌、肉丸、各種豬內臟，最後打一個生雞蛋下去。

"成本貴，利潤很低。"林謂昌說。他是老實人，又和他認識數十年，相信他的話。

豐儉由人，我反而愛吃艇仔粥，賣22元。要豪華一點，再叫一碟生鯇魚片放進去灼個半生熟，鯇魚皮坐下來就要點，不然一下子賣完。

只有彌敦的撈麵，還是很正宗的維持小小碟。撈麵碟頭一大，就知道東西好不到哪裏去。牛腩撈麵每碟25元，很精彩，要不然叫椰汁咖喱牛腩，也不錯。

薑蔥白灼腰肝是我一定叫的，這裏的洗得最清潔，不會有異味。

生薑皮蛋也沒讓人失望過，每隻賣五元，算是很公道。

從前富都酒店的客人都來這裏，當今尚存的彌敦酒店住客常來，周圍新開幾間小型旅館，住的人吃過一次即上癮，添了不少新熟客。

車輪鮑不會買到贗品已很幸運。林謂昌說：「貼紙的都是假的。」

「真的車輪鮑也有等級，怎麼分辨？」我知道他是專家，不問白不問。

他說：「罐頭底印有 PNZ 三個凸字的，一定錯不了。」

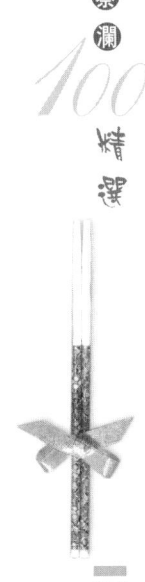

九龍油麻地上海街419-421地下
G/F, 419-421 Shanghai Street, Yau Ma Tei, Kowloon

☎ (852) 2384 2840

🕐 5pm-2am

🍽 原盅燉響螺頭湯、雲勝田雞扣
Conch soup, stir-fried frog's stomach

神燈
海鮮菜館

SUN DEN SEAFOOD RESTAURANT

雞扣每個只有一個銅板似的小片，一隻田雞一個，炒得剛好熟，脆脆的，十分好吃，絕品也。

*E*ach frog's stomach is about the size of a coin. The stir-fried stomachs are very crunchy, a rarity indeed.

在九龍發現了一間應受保護的瀕臨絕種餐廳，叫"神燈海鮮菜館"。

門口狹小，一進去很舒暢，有兩層樓那麼高，掛著螺旋風扇。牆壁上的玻璃鏡中，龍飛鳳舞地寫著白色的字："羌沖焗魚雲，40；花膠堯柱更，65；滷水雞亦，35。"他們各有一套自創的字，讀音就是。價錢則比大排檔更便宜。

一看，哈哈，有"雲勝田雞扣"，即是雲耳、勝瓜炒田雞的胃，即刻叫之。田雞扣每個只有一個銅板似的小片，一隻田雞一個，炒得剛好熟，脆脆的，十分好吃，絕品也。那碟田雞扣，足足有30個之多。

菜上桌前，自動來一碟生薑皮蛋，沒有鏞記的精美，但也比其他地方高級。

又見櫥窗中有一個大玻璃缸，浸著白雲豬手。遠看似乳豬手，上桌時才知道是大塊的斬件。吃進口，酸度恰好，有甘味，皮富彈性，一點也不硬。標明是海鮮店，賣各種魚蝦蟹，竟然可以找到澳門特有的烏魚，要了12兩共四尾，油爆之，肉幼細鮮美。又有奄仔蟹，今後可以不去那麼遠了。

燉盅的湯有螺頭雞腳、西洋菜陳腎等，一燉三小時，但一早賣光，要了個芫荽皮蛋魚片湯，味淡，但清甜。

叫一碟最基本的苦瓜炒牛肉，即見大廚的功力，普通的牛肉給炒得軟熟，瓜也入味。

老派白衣侍者把白飯叫做"靚仔"，把白粥叫做"米皇"，後者煲得如膠似漆，一入口馬上知道與別不同。

平均每道菜40元，叫個十道，也不過是400元。想起初到香港時，收入不多，晚上和岳華、羅烈、午馬一起去吃個飽的，就是這種地方，它由傍晚五點營業，開至深夜兩點。

　　今晚大樂，能在上海街找到這家已經開了30多40年的餐館。就像店名一樣，掘出一盞神燈，擦它一擦，時光倒流，活在60年代，吃在60年代，太妙了。

九龍旺角花園街11號地下
G/F, II Fa Yuen Street, Yau Ma Tei, Kowloon

☎ (852) 2384 0496

🕐 10am-2am

🍴 牛肉丸、手輾魚麵、潮州䱽肉
Beef meatballs, hand-made fish noodle,
Chiu Chow ham

LOK YUEN

樂園
牛丸王

牛肉丸名符其實地掉到地上，還會跳回桌子那麼有彈性，"樂園"的牛肉丸真材實料，就算加了一點點的粉，也吃不出加了粉的味道。

The meatballs are so springy that they can bounce back to the table when dropped on the floor. They are made of only beef, and even if a dash of flour has been added, you won't be able to taste it.

前幾年到汕頭去，在街邊看到有人雙手執鐵棒在敲打牛肉，心裏說爲什麼沒有人把他們請到香港做牛肉丸？果然這些勞工被一家叫"樂園"的老闆馮先生輸入了。

一大早摸了上去，已經看到三個師傅坐著，中間是一塊大砧板，三人拼命在打牛肉。碎糜之後，他們用一鐵桶把牛肉盛著，旁邊再擺一大盆滾水，接著他們左手搲牛肉，右手用匙羹一舀，純熟地將一粒粒圓圓的牛肉丸扔進水盆中。牛肉丸被滾水燙過，已半生熟，最後用上湯煮至全熟。

要了兩碗，一碗牛肉丸和牛筋丸，另一碗墨斗丸和豬肉丸。

牛肉丸名符其實地掉到地上，還會跳回桌子那麼有彈性，"樂園"的牛肉丸真材實料，就算加了一點點的粉，也吃不出加了粉的味道。比起牛肉丸，我本人更喜歡吃牛筋丸，不過，兩種丸，還是有點太過硬的感覺，不像在汕頭吃過的那麼軟脆，或者是我年紀大了，牙力不夠的原因吧。

墨斗丸精彩絕倫，是我在香港所試的最高品質的產品。

豬肉丸也不錯，只是少了豬肉味，也嫌硬了一點。我不知道爲什麼豬肉丸只有台灣台中的"貢丸"做得最好，也不一定是他們味精下得多的緣故，總之別的地方的豬肉丸比不上。

豬肚丸最稀奇，香港也只有在"樂園"吃得到，試了之後，果然有豬肚味，要是他們多下一點胡椒，可能更完美。

"樂園"也外賣，每斤近50元，比別的地方要貴一倍，但是一斤能吃到好幾餐，再節省也不必在這一方面去省。少少的浪費，得到的樂趣無窮。

想起小時吃老廣東用一枝擔挑壓的雲吞麵，爲什麼沒有人去大陸請幾個來？貴一點，總比吃機器麵好，一定有生意。

港島上環畢街7號地下
G/F, 7 Burd Street, Sheung Wan, Hong Kong Island

☎ (852) 2541 1099

🕐 周一至周六: 6:30am-9pm; 公共假期: 6:30am-4pm
Mon-Sat: 6:30am-9pm, public holidays: 6:30am-4pm

🍲 魚骨粥、魚腩粥
Fish bone congee, fish meat congee

SANG KEE CONGEE SHOP

生記
粥品專家

去 那間小小的店，要等好久的位，但一切是值得的。放在你面前的那碗粥，用的是湯碗那麼大的碗。粥底是用豬骨和瑤柱熬的。

There is a long queue to get seated in this shop, but it is worth all the wait. The congee is prepared using stock boiled from pig's bones and dried scallops, and is served in large bowls.

寫了通宵稿，腹饑如雷鳴，清晨乘的士到上環畢街的"生記"去吃粥。

你沒去過生記嗎？那是人生一大損失。

去那間小小的店，等位要等好久，但一切是值得的。放在你面前的那碗粥，用的是湯碗那麼大的碗。粥底是用豬骨和瑤柱熬的。

有以下的材料可以配搭：魚雲、魚腩、魚骨、鯪魚球、豬肉丸、粉腸、豬肚（現在不能吃腰膶，過一陣子才有）、雞肉、牛肉、生菜等。皮蛋、魚生片、炸俐是另外上的。

你要單獨一味也行，兩種、三種或四五種以上的配料也行，多加點錢就是了，吩咐在櫃面的阿芬去辦。

阿芬戴副眼鏡，樣子精靈可愛，至於她的記憶力，哎呀呀，是不得了的。

那麼多的客人，那麼多的材料配搭，只要你說得出，阿芬不必用紙頭記下，一一進入她的腦中，囑廚房做出，從來沒有出錯過。如果阿芬的命生在辦公室，她一定升居經理；若是投身政界，四萬之流，都要走開一邊。

但阿芬笑嘻嘻地招呼客人，滿足現狀。

"這家店開了多久？"我問。

"我們接手過來做，已經20幾30年，上一手也有幾十年嘍。"阿芬說。

跑到廚房前面一看，滾粥用的是新式鐵鍋，不用傳統銅做的，而且魚雲並沒用油炸過，不腥嗎？我問師傅。

"你自己試過，不是沒有腥味？只要用料新鮮，現劏現煮，又有薑，不會有腥味的。"他指著櫃後的鐵鍋，一共有30多個，繼續說："用完即洗，不讓它黐底。"

　　阿芬下了單，師傅即刻記住，他的記憶力也同樣強，阿芬每次都把客人要的材料簡化成單字，像叫魚腩和鯪魚球，阿芬說："腩球一碗。"叫起來有點像欖球。

　　"好在你這裏不賣鮑魚。"我說。

　　"爲什麼？"阿芬問。

　　"叫鮑魚皮蛋粥，就變成包皮粥。"

　　阿芬聽了，笑著要打我。

港島上環威靈頓街160-164號
160-164, Wellington Street, Sheung Wan,
Hong Kong Island

☎ (852) 2544 4556

🕐 6am-11pm

🍽 霸王鴨、豬肚燒賣、燒腩卷
Stuffed duck, pig's stomach *shao mai*, pork bun

蓮香樓

LIN HEUNG
TEA HOUSE

在 這裏除了特別好吃的蝦餃燒賣之外，還
保留了懷舊色彩的豬膶燒賣，更有別處難於
吃到的豬肚燒賣。

*A*mong the delicious food sold here are the prawn
shao mai, the traditional pig's liver *shao mai* and the
hard-to-find pig's stomach *shao mai*.

雖然寫的是本名"蓮香樓"，大家還是蓮香、蓮香地叫它。

為什麼叫蓮香？最初是怎麼取這個名字的？

從15歲一直做到今年85歲的老師傅龍先生解釋："一般的菜館都用白蓮子，但是我們只採取湖南的湘蓮。最大粒的，去皮、挑心。湖南湘蓮特別粉。其他蓮子也有粉的，但是沒有湖南湘蓮那麼香、那麼有蓮子味，蓮香就叫出名堂來。"

晚飯，在"蓮香"賣得最多的是"霸王鴨"這道菜。

把鴨子去骨，留皮，又將湖南湘蓮、雞粒、菇粒、鹹蛋炒了一炒，再塞進鴨子裏。整隻鴨炸完再拿去燉，一燉數小時，最後將炒配料的汁淋在鴨上上桌。功夫是巨大的，所以一天只做十隻，前一天訂好，不然依次序賣，賣完就算了。禮拜六或星期天多做幾隻，也一定賣光。這麼多年來，吃霸王鴨的客人沒有間斷過，龍師傅也沒停止親手做。

現在，龍師傅是管理品質的專人，有他維持，蓮香的地址更換，但味道不變。

現在蓮香搬到上環威靈頓街，樓下賣餅。老婆餅很出名，不過大家當然只記得它的月餅。

二樓地方蠻寬敞的，從早上六點鐘開始就可以去飲茶。

在這裏除了特別好吃的蝦餃燒賣之外，還保留了懷舊色彩的豬膶燒賣，更有別處難於吃到的豬肚燒賣。燒腩卷也很有特色。至於金錢雞，早上飲茶已不賣了，要到中午或夜市做成一碟碟獻客。

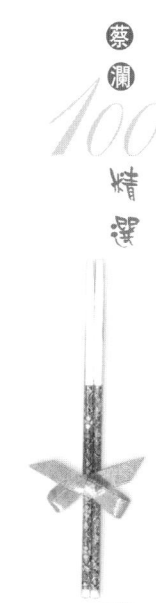

晚上還有鹵水豬頭肉、貴妃雞等名菜。釀鯪魚別的地方可見，但這裏的釀鯪魚用豉汁涼瓜來伴，就是在別的餐廳找不到的。

早上去飲茶，從前用的茶盅印象最深，它很大，像個碗。

"哪裏去了？"我問。

"都打爛囉。"夥計說："用現在這種不好嗎？"

當今做的茶盅瓷胎很厚，杯底不圓有稜角，我說："大是大，但樣衰！"

夥計瞪了我一眼，我不睬他。

港島中環歌賦街21號
21, Gough Street, Central, Hong Kong Island

12:30pm-7:15pm, 8:30pm-11:30pm
周日、公共假期休息
closed Sun & public holidays

牛腩麵
Beef noodles

KAU KEE RESTAURANT

九記
牛腩

在露天處坐下，先要了一碗招牌牛腩麵。啊，湯是濃郁的，可以斷言這是天下第一家了。

I sat down in an open-air area and ordered a bowl of beef noodles. The gravy is thick and fragrant. This is the best restaurant of its kind.

前些日子黎智英要搶我的飯碗，在他的專欄中寫食經，談到中環歌賦街的"九記牛腩"。我向他說改天要寫工商管理來報仇。

我已有十多年沒經過那一帶，今天雖然已吃過飯，但還是專程步行到"九記"懷舊一番。

開在街道左右的兩間"九記"，一邊是原來大排檔，另一邊是家茶餐廳型的店舖，加了一個天井，供客人悠閒地吃東西。

老闆潘國興是位年輕人，屬第二代，辛勤地自己動手熬湯下麵，他父親看見了也很歡慰吧。

在露天處坐下，先要了一碗招牌牛腩麵。啊，湯是濃郁的，可以斷言這是天下第一家了。

只要你看到"九記"那個數百加侖的大鐵桶，便會明白他們是怎麼熬出這麼美味的湯。潘國興告訴我，至少要用九個小時炮製。重要材料是基本的牛腩和牛骨，其他香料盡量不加。

看菜牌，淨湯每碗五元。

"從前來，湯是不要錢的。"我向少束說。

潘國興笑著說："那是很久以前的事了。"

這碗香甜而不肥膩的湯賣十塊錢，我也認為值得。

牛腩的水準是片片軟熟，絕對不會咬到一塊香口膠。

這裏只賣粗麵和伊麵兩種，連細麵也沒有，河粉當然也不賣，油菜亦不賣。

黎智英的理論是"以少勝多"的經營法，我倒覺得這是纍積的生意經驗。起初開店可以什麼都試試去賣，受客人歡迎的東西入貨多一點，不大賣得出去的就漸漸地將它們淘汰掉。

總之，一個原則是不欺場。

功夫做到十足，至少有一批顧客支持，久而久之，即使不做廣告，單靠口碑，也會越來越興旺。

　　"九記"由中午12點半做到晚上7點15分，休息1小時15分，再由8點半開到11點半。他們也經常放假，對老闆和員工都好，各位只做一班的工作，精神和肉體都輕鬆，工資也不必因爲用兩班人而提高，非常合理。做到這地步，也是靠長年的努力，世界生意，沒一件是偶然能成功的。

港島跑馬地黃泥涌道79A
79A Wong Nai Chung Road, Happy Valley,
Hong Kong Island

☎ (852) 2577 2202

🕐 12nn-3pm, 6pm-12mn

🍽 蘇格蘭煙三文魚、香嫩蒙古生牛肉、紅酒燴
牛尾
Scottish smoked salmon, Mongolian beef fillet, Oxtail
braised in red wine

雅谷
餐廳

AMIGO
RESTAURANT

頭盤的生牛肉 Filet De Boeuf "Mongolian"
最爲精彩；魚子醬的 Beluga Natacha 也比別的
地方便宜。

The first dish is the raw Mongolian beef fillet, which is also
the best dish. As for the Beluga Natacha caviar it is cheaper
here than elsewhere.

在過年的節日氣氛下，又想起 Amigo 餐廳，它是香港最高級的西餐食府之一。生日、結婚紀念等宴會，Amigo 沒有讓人失望過。

基本上，它是以西班牙建築爲藍圖，牆上掛的巴拉斯（Parras），是西班牙名畫家。另外一系列的裸女和舞孃水彩，雖然出自英國人羅素‧弗寧（Russell Flint）的手筆，主題卻畫著西班牙人的生活。

記得是暴動的那一年，Amigo 在波斯富街開業，十幾年前才買了黃泥涌路現在那家三層樓的，經營到現在。門口掛著一個大太陽的銅招牌，向的士司機說跑馬地的太陽餐廳，沒有一個不知道的。

Amigo 的佈置、服務和食物材料都不惜工本，座位70多個，用的服務人員也是同樣數目，在貴租和高薪的今日，相信主人所賺不多。爲了興趣，才繼續下去。

餐廳經理 Alfred Cheng、Peter Lok 和 Derek Kung 也由年輕做到中年。三人組合的菲律賓樂隊從十幾年前開始加入，領隊的 Gasiano Domingo 永遠是那個僵笑容。從前他們還在 Hugo's 兼職，現在獨家成爲 Trio Los Amigos 了。

酒窖的藏酒，紅酒比白酒佳，主要是波多區的。貴的 Lafite、Rothschild 也有，便宜的西班牙酒也有。

談個半天，忘記了食物，頭盤的生牛肉 Filet De Boeuf "Mongolian" 最爲精彩；魚子醬的 Beluga Natacha 也比別的地方便宜。

如果嫌龍蝦湯或櫻花石貝湯太濃，清湯牛尾和香菇分量少，點到爲止。

蘇格蘭三文魚和法國貝隆生蠔的海鮮主菜也剛夠喉，烤全隻龍蝦則要大漢才吃得完。

肉食有鴨、鴿、牛仔肉和羊，都是一流，要減肥的女士只來一個生菜加飯 RIZ Sauvage，餐廳氣氛已經飽腹。

餐牌上，只有主人才有價錢，女仕們或賓客的餐牌是不標明價錢的，免得薄臉皮的男客不好意思點太貴的菜，也免得厚臉皮的女人大辣辣地專點貴的菜。這是餐廳花的心思。美中不足的，是電話裝在外面，要是更進一步花心思的話，應該在 Powder Room 裏面也有電話。

港島灣仔港灣道1號會展商場3樓
3F, Shopping Arcade, Convention Plaza, 1 Harbour Road, Wan Chai, Hong Kong Island

☎ (852) 2824 1298

🕐 12nn-3pm, 6pm-11pm

🍽 鐵板燒薄燒牛肉、燒鰻魚、各式魚生
Teppanyaki beef, BBQ eel, sashimi

MATSUBISHI JAPANESE RESTAURANT

松菱

弄 飯團壽司，赤貝肉就是死的了，但是經奧田手一握，再往肉一拍，飯團上的赤貝，像蝴蝶一樣把翅膀張開，歎爲觀止。

The akagai is dead, but after the chef holds in his hand and then slaps it onto the riceball, it actually moves like a butterfly spreading its wings. A really spectacular feat.

自從我第一次介紹過“稻菊”之後，一直沒有談過日本料理，朋友說：“稻菊已經關門了，現在在香港吃日本菜，哪一間最好？”

其實日本菜沒有所謂哪一間最好，重要的是迎合本地人口味就行了，而且和大師傅熟不熟，差別也很大。

在香港，純日本料理有老字號的“金田中”，在銅鑼灣；還有在新世界中心的“銀座”、在港九香格里拉酒店的“灘田滿”等，不能說“各有特色”，應該是“都是一樣”，因爲在香港吃的日本菜，大都是“都是一樣”的新鮮材料吧了。

我比較習慣去的日本料理是“松菱”。“松菱”佈置得極清雅、高貴，燈光也異常柔和，不管是吃生魚或鐵板燒都可以得到應有的第一流享受。

一進門，柿沼句實子（Kakinuma Kumiko）笑盈盈地前來歡迎，她的廣東話已經講得比我好，來香港近十年，是一個和我一樣，已經不想返回老家，要與香港共存亡的人。不會講日本話的客人，只要找到句實子，一定會把這一頓飯安排得很好。

壽司吧的大師傅奧田隆信（Okuda Takanobu）年輕高大，比日本電影明星還要英俊。我問他：“爲什麼不去當演員？”他說：“明星的生活多數被人安排，在這個小天地裏，我是主宰！”奧田的手藝一流，通常吃赤貝（Akagai）時，大師傅切開肉，往砧板上一摔，赤貝還會動，這不算什麼。弄飯團壽司，赤貝肉就是死的了，但是經奧田手一握，再往肉一拍，飯團上的赤貝，像蝴蝶一樣把翅膀張開，歎爲觀止。

奧田的助手小師傅雄仔跟他多年，連小動作也學得一模一樣，請他們兩人喝啤酒，同時說謝謝，同時一口乾了，同時享受地歎一聲。

如果你不吃壽司，那麼去找老資格的鐵板燒師傅李泉，他切肉、燒烤的功夫，不遜日本人。"松菱"的"三之輪霜降"牛肉馳名天下，絕對值得試。

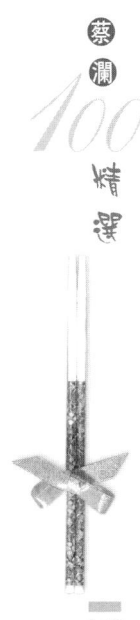

港島灣仔港灣道30號新鴻基中心2樓
2F, Sun Hung Kai Ctr., 30 Harbour Road,
Wan Chai, Hong Kong Island

☎ (852) 2827 9938

🕐 周一至周六: 11am-11:30pm; 周日/公共假期: 10:30am-11:30pm
Mon-Sat: 11am-11:30pm; Sun & public holidays: 10:30am-11:30pm

🍽 花彫蒸蟹、黃橋燒餅、魚翅灌湯餃
Steamed crab in Hua Diao wine, Huangqiao
sesame seed cake, steamed shark's fin dumplings

海都
海鮮酒家

VICTORIA CITY SEAFOOD
RESTAURANT

但是最好的還是比較廉價的"黃橋燒餅",一碟四小粒,做得比地道的北京人還要高明,一個人可以連吞三碟。

The best *dim sum* on offer here is the cheaply-priced Huangqiao sesame seed cakes. There are four small pieces in a plate and they taste better than the ones from Beijing. One can easily eat three plates of these.

最近流行的菜館是在香港新鴻基大廈裏的"海都"。

每一個人都告訴我"海都"的菜怎麼怎麼好；它的點心，花樣怎樣怎樣多。乘星期天有空，一行六人去試了一下。果然生意興隆，一大堆人在等待，好在友人已訂了座位。

一進門，看到一攤位在賣牛雜，有點大排檔風味。桌上的菜牌也寫滿了各式精美小菜，另外一張點心單子，種類的確不少，還有一張每天換的小菜單，寫著當天最新鮮的菜色。

因為人多，可以多叫幾樣。吃了之後，覺得水準普通，入口處的招牌菜牛雜，不比九龍城的街邊檔好吃。

"千層峰"用豬耳朵壓縮成一團，再橫切之，是下酒的佳餚。但是"海都"做的千層峰，用料太節省，把豬耳的內層也用上，所以軟骨太硬，切得又不夠薄，咬得牙床跌落。千層峰這一道菜，應該只選豬耳邊緣最軟的部位，塞它幾十個，再薄切之，出來的花紋才像千層的大理石紋。"海都"做的，只能算是五層峰。

不過，上述的只是小疵。大致上"海都"還是一個值得去的餐廳，尤其是它的"清水蘿蔔牛筋腩"，可說是普通地方難找的一道菜。它的牛腩熟得極之柔軟，牛筋不黐牙，蘿蔔香甜，加上數條中國芹菜吊味，其湯濃郁，我連喝幾碗。笑融融的女侍應還把沙鍋拿進廚房，再舀一大碗湯出來，一下子又喝光了。

在點心當中，魚翅灌湯餃、竹昇龍蝦餃，用料十足，也很精彩。但是最好的還是比較廉價的"黃橋燒餅"，一碟四小粒，做得比地道的北京人還要高明，一個人可以連吞三碟。它的雪菜冬茸餃也不錯，南北混和，混得極佳。

另一個大菜是"雞油花彫蒸大花蟹"，花蟹這種原料最考大師傅，因爲有些肥，有些瘦，從外表是看不出來的，所以花彫的分量要是都一樣的話，蒸出來的花蟹，水準就參差不齊了。

　　臨走時叫了三種小點心打包——腐皮卷、菜肉包和叉燒酥，三小碟共50元，不加一，此店價錢便宜與否，你可以用自己的消費水準決定。

新界流浮山正大街44號
44, Ching Tai Street, Lau Fau Shan, New Territories

(852) 2472 1011

6am-10pm

海龍王湯、韭黃銀魚乾炒雙蚌、蝦膏炒飯
Seafood soup, stir-fried chives and white bait,
shrimp paste fried rice

HOI WAN
SEAFOOD RESTAURANT

海灣
酒家

不同就是不同，流浮山還能
吃到本地海鮮，其他地方則多數
是進口的了。

*L*au Fau Shan is the only place where
one can still find local seafood; all other
places are selling imported seafood now.

和一群老友到流浮山去吃海鮮。

車子泊在外面的停車場，不管多久，一律收20塊，經過長巷，便走到正大街44號的"海灣酒家"。

"吃海鮮的話，尖沙咀銅鑼灣的高級海鮮舖都有，不然就去鯉魚門或西貢，爲什麼要老遠跑到流浮山？"沒去過的人會這麼問。

不同就是不同，流浮山還能吃到本地海鮮，其他地方則多數是進口的了。

老闆李念慈熱情招呼。我們先來一個海龍王湯。材料是兩隻龍蝦，斤半重的、一條老鼠魚、一條鱲魚。瀨尿蝦加個半斤，用豆腐、薑、節瓜或芥菜煲，猛火半小時，文火45分鐘，即成。七個人喝，分14碗，最好分兩次喝，飯前一碗，飯後一碗。

在隔壁的魚檔中看到硬殼的狗蝦，此蝦絕對不是養的。已難見，白灼食之，非基圍蝦可比。

接著是三寶：銀魚乾、蝦乾和排骨一齊蒸，味道不錯，但還是覺得普通得很。

魚檔中買到的方脷，只有流浮山才抓得到，是鹹淡水交界的比目魚，每尾半斤重，蒸個兩尾。啊，真是好吃，這種海鮮已快成絕品，漁民稱之爲魚王。

再下去還是蒸魚，蒸的是三刀。嫌第一次蒸出來的肉硬，友人都是老饕，吃得不甘心，再請魚檔多來一條，這次可完美了，魚肥肉幼，滿嘴香甜。

最後的黃油蟹，我已覺得不錯，但友人說有更好的，那要看時節了，說七月中最好，相約再來吃過。

走過長巷時看到海鮮乾貨店中在賣魚春乾，小指一節那麼大，問老闆娘，她說是齋魚的春。齋魚是怎麼一個樣子的？她解釋：「像一條縮水的烏頭。」請老闆娘用油炸和清蒸兩種做法炮製，前者香口，後者更吃出魚味，是下酒的好餸。又看到有些又大又黑的乾春，原來是墨魚春，和吊桶一齊蒸來吃。

　　吃後不禁爆一句粗口：「重有乜卵春食？」老闆娘和友人聽了都捧腹不已。

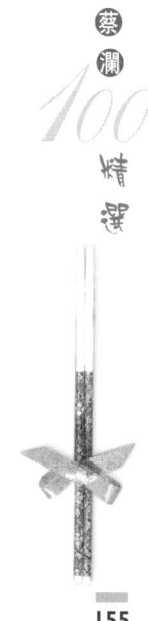

新界大帽山川龍村58號
58, Chuen Lung Village, Tai Mo Shan,
New Territories

☎ (852) 2490 5246

🕐 6am-2pm

🍽 雞球大包、燒腩卷、荔芋扣肉
Chicken bun, pork bun, pork braised with yam

端記
茶樓

DUEN KEE
TEA HOUSE

最大的特點是這裏用山泉沏茶。餐廳的廉價
普洱或壽眉茶葉，已經比鬧市茶肆的美味得
多。

*T*he special thing about this place is that they use mountain
spring to make tea. Even the lowly-priced *Pu Er* and *Shou
Mei* tea taste better than those sold in teahouses in the city
area.

往新界石崗的方向走去，在大帽山的川龍村中有兩家吃早點的好去處。

靠近路口的叫“彩龍”，東西比較少，轉進小路去的是“端記”，比較起來，我喜歡後者。

“端記”除了一般的點心之外，還有最新鮮的蔬菜，不過他們一大早不賣炒，只是把蘿菜或菜心燙熟了，淋上腐乳或蠔油吧了。但是那種鮮甜，神仙才能享受。就算叫例牌，上桌時也一大碟，足足有半斤那麼多，乍看吃不完，慢慢歎茶之餘，掃得乾乾淨淨。

天冷時，“端記”有西洋菜，都是在餐廳附近種的，用它來蒸牛肉，或者就那麼灼一灼，其實吃生的更佳。

最大的特點是這裏用山泉沏茶。餐廳的廉價普洱或壽眉茶葉，已經比鬧市茶肆的美味得多。奢侈一點，去九龍城的“茗香”買他們600多元一斤的冠軍鐵觀音，貴是貴了一點，但貨真價實。拿到這裏來泡，一兩可分四五次喝，不算過分奢侈，可以真正稱得上是茶靚水靚了。

餐廳的二樓掛滿雀籠，一面歎茶一面聽鳥的唱歌比賽。“得雲”關閉之後，只有這裏有這種氣氛。

旁邊一桌客人正在開十三張撲克牌局，是餐廳老闆和友人的聚會，做老闆能做得那麼逍遙，也服了他。

另一座平樓中已有兩檯麻將開戰，庶民五點多晨運，六點多在這裏打八圈才回家。癮發起來，可以打到晚上七、八點。

一位老太太托著兩籮菜心來賣，每斤八塊，並不比市區菜市便宜。拿回家裏，洗滌時脆得枝葉都斷掉。

到"端記"當然是越早越好，有人睡不著，捱到天亮還躺在床上，真笨。爲什麽不起床前往，重溫一次鄉村的故夢？

　　清晨車子不擠，由港島去最多45分鐘；由九龍市中心去的話，半小時已經足夠。

　　忘記問"端記"中午有沒有盤菜吃，或者請他們特別做也行吧。日前遇鄭達智，此君亦爲新界人，他說要訂製玻璃的大盤子來盛盤菜，這主意不錯，不知何時可以實現？

澳門

Macau

罅些喇提督市北街3號
Rua Norte do Mercado Almirante Lacerda 3

☎ (853) 574 456

🕐 7am-2pm

🍽 懷舊點心
Dim sum

LONG WA TEA HOUSE

龍華
茶樓

這是僅存的一家老飲茶處。上了二樓，一片
吵雜，是鳥的啼叫，像從前香港上海街那家一
樣，也鬥雀。

This is the only traditional teahouse left. It is noisy on
the second floor, where birds are chirping away. Just like
the one that used to be on Shanghai Street in Hong Kong,
there are very few customers around.

此行最大的收穫，是鍾偉民帶我去的澳門"龍華茶樓"。

這是僅存的一家老飲茶處。上了二樓，一片吵雜，是鳥的啼叫，像從前香港上海街那家一樣，也鬥雀。

一層樓只有一個年輕人在看管，客人自己去拿茶葉沏，點心也自取。吃完給錢，忘記帶的話下次再付。

那年輕人就是這家茶樓的老闆何明德，店是父親留下的，周圍的產業亦然，在這裏守著全爲興趣，和想保留一點文化遺産。

牆壁上掛滿照片，等於一個中式沙龍，其中有鍾偉民拍的四幅，想不到他的技巧那麽到家。其他是各方高手的作品，老闆何明德也參加了一份，水準甚高。看看周潤發有沒有興趣，下次到澳門"龍華"，將自己的也掛上一幅。我自己有點技癢，等把數十年前的舊照片找了出來再說吧。

"龍華"藏龍臥虎，很多中醫和書法家都常來。遇到了"六記粥麵"的老闆李明偉，他說能用竹昇壓麵，比一張名片還薄。這次沒空，下回一定要去試試。

食物不算標青，但比一般香港用大陸凍貨蒸熟的好吃得多，尤其是白切雞飯，一大碗上桌，雞軟熟，鋪蔥茸，再把油滾燙後淋在上面，精彩之極。

我是一個早起的人，上幾次來找東西吃，問了很多人都不知道有老式茶樓，大家說從前有什麽什麽。我最討厭人家說從前有什麽什麽，一點用處也沒有，可以儘管懷舊，但問你現在有什麽時卻說從前有什麽幹嗎？

很簡單，跳上計程車，向司機說："去紅街市隔籬的龍華！"

福隆下街44號
Rua de Caldeira 44

☎ (853) 573 171

🕐 7am-11am, 7pm-12:30mn

🍽 肉丸粥
Meatball congee

SAM UN 三元

粥品

是不是比別家好吃呢？是
的，味道足夠，也彈牙。生熟灼
得剛好，鮮甜盡出。

he meatballs sold here are definitely
better than elsewhere. They are bouncy,
the seasoning and cooking are just right,
and the meat is sweet and fresh.

好像和澳門特別有緣，最近一連兩個周末都在那裏度過。

當然吃是主要的因素，除了上餐廳，還買土產，在大馬路轉進去的福隆街，舖子林立，擠在當中的，是著名的粥店"三元"。

來了幾次都關了門，時間不巧之故，它早上7點營業至11點，中間那一大段時間休息，到了晚上7點重開，至深夜12點半。

已經成爲生招牌，店門口有一師傅拿着一個碗，中間有剁碎的豬肉，師傅用湯匙在碗中慢慢攪拌，叮叮噹噹，等到肉碎成爲丸狀，就把它扔進滾熟着的粥中，叫一碗做一碗，絕不事前拌好，你要吃？惟有耐心等待。

說新奇嗎？也不。從前廣東老媽子做肉丸粥，也是這個方法，記得攪拌時還把湯匙泡一泡豬油，當今客人怕肥，店裏已經不採取，乾拌而已。

是不是比別家好吃呢？是的，味道足夠，也彈牙。生熟灼得剛好，鮮甜盡出。染在白粥之中，要不是那麼燙喉，可連吞數碗，面不改色。

另外可叫魚生。拌豬肉丸的師傅身旁有位老者，拿了風乾的鯇魚長條，細心將它切成薄片。燈火幽暗，看不到擦刀子那塊布是什麼顏色，切菜板中藏有何物，魚本身受不受到污染，切出來的魚生，淋上油，加點蔥，就那麼生吃亦是美味，放進上桌熱滾的粥，灼它半生熟，更是絕品，問題出在你夠不夠膽吃。

當然也有豬肝、豬粉腸、豬肚等的搭配，但是最多人叫的還是肉丸粥，大碗約有四大粒，小的兩粒。

我不是愛吃粥的人，也要了一碗，加一碟魚生，滿粥滿足。

沙梨頭仁慕巷1號D地下
Travessa da Saudade 1D

☎ (853) 559 627

🕐 6:30pm-2:30am

🍽 傳統竹昇麵、米通鯪魚球、懷舊錦鹵雲吞
Traditional bamboo noodle, rice cracker with fishball,
traditional *wanton*

LOK KEI

撐 著肚子，爬上樓看明哥用竹
昇壓麵，壓出來的雲吞皮，比一
張名片還薄，不騙你。

*W*ith my stomach filled, I climb upstairs
to see how Brother Ming uses the bamboo
to flatten the dough. The *wanton* skin that
ensued is thinner than a name card.

"晚上去哪裏吃？"東方文華的同事問。

"吃麵。"我說。

"正餐哪有吃麵？"他問："宵夜吧？"

"喜歡的話，什麼東西都可以當成正餐。"我笑嘻嘻地回答。

"六記"躲在沙梨頭仁慕巷裏，地點不好找。老闆李明偉，人家稱呼他六記明，是條大漢，個性爽朗，和鍾偉民結成好友，文章中提到的黑眼圈，就是此人。

明哥先炒了一碟蜆給我們吃。蜆大且肥，又無沙。接著吃店裏著名的米通鯪魚球，鯪魚本來有股強烈的味道，這裏做得只感到鮮甜。滷鳳爪入味，剩下的汁一下子就結成凍，單單吃凍的也過癮。來一碟大腸，又軟又熟，咖喱是特別配方，和印度的完全不同，有柱侯的香濃，又有異國風味。啤酒蒜香骨、椒鹽龍脷仔、釀辣椒等，一道又一道，上個不完。錦鹵雲吞有三種不同的大小和做法，沾的醬更是奇特，中間含著豬肚和粉腸、洋蔥等，到底是醬還是菜？

"我父親教我的，就是這樣做，50年不變。"明哥說。

這個時候，才上主角蝦仔撈麵，分量不大，淋著黑漆漆的醬油，撒著粉紅色的蝦仔，看樣子已經對路。忍著，先喝那碗又濃又白的湯。其他麵店是清澈的，只有"六記"不一樣。

真是好喝，麵更是上上乘，吃過明哥和祥記的，可以不必再試別家了。問湯底是怎麼熬出來的，明哥毫不保留地說："大豬骨、雞、大地魚乾、生曬蝦米、黨參、羅漢果、甘草和胡椒粒，分量多少，要靠經驗。"

撐著肚子，爬上樓看明哥用竹昇壓麵，壓出來的雲吞皮，比一張名片還薄，不騙你。

內港沙梨頭22號碼頭
Rua da Riberia do Pantane 22, Inner Harbour

(853) 952 984

6pm-2am

葡式咖喱蟹、霸王水蒸雞
Portuguese curry crab, steamed chicken

NGAO KEI

牛記
碼頭美食

澳門人做咖喱，特點是加了甘草，肥仔源的手藝不錯，火候夠，咖喱很香，單單喝它的汁，或用麵包來蘸已經飽肚，別的菜不用吃了。

The special feature of the Macanese curry is the liquorice. The curry is aromatic and the gravy can be eaten on its own or with bread. You do not need to order anything else.

"到沙梨頭的牛記好了。"鍾偉民說："那個老闆長得和洪金寶一模一樣。"

"一齊來。"我說。

鍾偉民欣然答應，約好當晚七點鐘，地方離開那條土產街不遠，走路可以抵達，但躲在一個油站後面，連老澳門的友人也不知道在哪裏，好在司機路熟，一下子帶到。

一進入，見是普通餐廳格式，經廚房，外面對著海，有一大片空地，擺了很多桌椅，天氣涼時坐在海邊吃東西，是很有氣氛的。

主人容治源，綽號肥仔源，肥肥胖胖，真的有點像洪金寶。西廚出身，但自己喜歡吃，中西菜都拿手，混合了也不像一般的 Fusion，底子厚的關係。

第一道上桌的是咖喱螃蟹。澳門人做咖喱，特點是加了甘草，肥仔源的手藝不錯，火候夠，咖喱很香，單單喝它的汁，或用麵包來蘸已經飽肚，別的菜不用吃了。

老遠來到，不多叫幾味不行，也不看菜牌了，向肥仔源說有什麼拿什麼出來，一切交給他去辦。

大師傅最喜歡聽這種話，做出來的更用心，我們十個人一桌，一共來了十幾道菜，吃得乾乾淨淨。

有麝自然香，客人擠得滿滿的，不像香港那麼冷清清，澳門人的消費力的確不弱。

鍾偉民預先訂了一個葡國雞，上桌一嚐，味道和葡國人做的一樣正宗。我最喜歡的大荳芽炒鹹豬肉，豬肉用鹽醃了，煎香後再炒，裏面還有蝦乾，極鮮甜。最普通的菜，但做得出色，才是廚藝。你去的時候非點這一道不可。

新垾頭橫街4號
Rua de Madeira 4

(853) 920 400

1:30pm-12:30mn

炸醬麵、牛腩、水餃
Noodle in fried bean sauce, beef noodle, dumplings

KAI KEI NOODLE 佳記麵家

舖子很小，小到你會懷疑這麼少座位，怎麼經營？但澳門的店，多數是這樣的。能一直生存下去，證明品質佳，熟客多。

The shop is very small, making you wonder how did they survive all these years? But most of the shops in Macau are like this, proofing that good quality attracts customers.

總是覺得澳門的麵好吃。

好友侯先生聽說我要來，想請我吃大餐，我還是要求他帶我去吃麵，上一次他介紹過幾家，都有水準，找他沒錯。

"新馬路旁邊的佳記吃過沒有？"他問。

我搖頭："我只去過馬路小巷中的祥記，沒聽過佳記。"

"那也是一間老店，我們去試試。"

車子從葡京賭場出發，進入新馬路，經過議事亭前地，左邊有咀香園，再直走左邊有大豐銀行，更前面的是新埗頭橫街，轉右，就能找到"佳記麵家"了。

澳門人活得舒服，每家人的經營時間不同，像"大三元"粥店是名副其實的七十一，早上7點開到11點，晚上又是7點開到11點，"佳記"是下午1點半開到凌晨12點半。

舖子很小，小到你會懷疑這麼少座位，怎麼經營？但澳門的店，多數是這樣的。能一直生存下去，證明品質佳，熟客多。

"這裏的牛腩麵做得最出色。"侯先生說，他自己要了一碗牛腩湯河。我吃麵喜歡乾撈，來一碟牛腩乾撈。

牛腩不錯。麵吃進口，果然非常有水準，但香味還是不足。

"下多一點豬油嘛。"我向老闆說。

"當今的客人都不敢吃了。"他回答。

我最怕聽到這句話。當其他人都下很多豬油，你下少一點，是好事。相反，多下，就是稀奇，就是有個性。

侯先生又要了一碟什麼都有的菜，有鴨紅、鯪魚球和魷魚下啤酒。鴨紅味極濃，很少吃到這麼好的。魷魚是用吊桶浸開，和一般發得無味的不同，值得推薦。

新垯頭街19號D
Rua de Madeira 19D

☎ (853) 920 598

🕓 7am-7:30pm

🍽 豆花、豆漿
Tofu jelly, soya milk

YEE TAK HONG　頤德行

至 於豆花，那就驚爲天人了。我從來沒有嚐過
那麼軟滑的。一切都是比較出來的，如果不試的
話，在超級市場買，也覺得過得去，就不必專程
跑到澳門。

As for the tofu jelly, I have never tasted one that is as
soft and smooth as this. If you have never eaten this, you
would have thought those sold in the supermarkets are good
enough and would not bother to make the trip to Macau.

晚飯在"妹記"吃，新馬路手信街內的這家老字號，永遠不叫客人失望。

走出來，從和尚袋中拿出些地址，都是澳門讀者介紹的特色食肆，其中有一家叫"頤德行"的豆腐店就在附近。問路時，警察先生說晚上不開，只好第二天再去。

翌日一早，本來想找鍾偉民到龍華飲茶，但一想，這位仁兄在澳門優哉遊哉，很晚才起床，就不去擾人清夢。

到街市四樓的熟食檔叫了一大堆我愛吃的，捧著肚子，再去找"頤德行"。

從新馬路上的文化會館轉入，見到同德堂。同德堂是一慈善機構，辦小學和免費施藥服務，像新加坡從前的同濟醫院。第一個街口轉左，直走到尾，就能找到這家豆腐店。

店很小，專做批發，也有客人事前拿了一個鐵鍋，每天買回去當早餐。門面上只賣兩種東西——豆花和豆漿，冷的或熱的。

豆漿很香，但不及我在大阪黑門市場喝的那麼濃。

至於豆花，那就驚爲天人了。我從來沒有嚐過那麼軟滑的。一切都是比較出來的，如果不試的話，在超級市場買，也覺得過得去，就不必專程跑到澳門。

看見凍豆花的雪櫃上寫有"李康記"三個字，問和它有什麼關係？原來是同一父親開的，"頤德行"由第三位公子主持，李康記倒是全家人合營。

乾脆也走到福隆大街33號的李康記看看。做的是午市和晚飯生意，還沒有開門。裏面賣海鮮，但相信他們的豆腐料理也不錯，做豆漿和豆腐的工廠就設在店內。

對這位讀者的介紹很有信心，他還推薦了福德新街的"潮記雲吞"、連騰馬路的"鴻興泰麵家"，下次去澳門，一定前往。

凼仔島杭州街60號地下海怡花園
Hoi Yee Garden Basement Level 3, Taipa

☎ (853) 833 333

🕐 周一至周六: 11am-3pm, 5:30pm-11pm;
周日/公共假期: 9am-3pm, 5:30pm-11pm
Mon-Sat: 11am-3pm, 5:30pm-11pm;
Sun & public holidays: 9am-3pm, 5:30pm-11pm

🍽 雞鮑翅
Shark's fin

KAPOK 六棉
酒家

要有意外驚喜的話，可叫他們的白飯魚乾蒸五花腩。腩肉切得很薄，又脆又香，加上上等的欖角惹味，魚乾又鮮甜，蒸出來的汁濃郁，是下飯的恩物。

If you want to try something special, you could order the white rice with dried fish and streaky pork. The thinly-sliced pork is steamed together with good-quality olive and aromatic dried fish, resulting in a savoury sauce that is best eaten with rice.

到澳門的"六棉酒家"，走入廚房之前給一桌香港客截住，問："叫些什麼好？"

來到澳門，當然吃三種香港罕見的肥美烏魚、奄仔蟹和水魚了。

烏魚和我們常吃的淡水烏頭不同，樣子像打架魚，手掌般長，小孩子拳頭般大的剛好，清蒸最佳，肉質很細膩甜美。

奄仔，可叫他們用苦瓜來焗，殼和膏則加粉絲蒸。

水魚可以用大塊的燒豬肉來燜。

叫了一大煲翅，用鯊魚骨熬出，湯雪白，翅的分量不欺客，價錢便宜。

店裏的名菜有煎釀鯪魚，鯪魚打得彈牙，也別小看那大青椒，相當辣，至於說是特別出色，並不見得，總之比別家做得好。

要有意外驚喜的話，可叫他們的白飯魚乾蒸五花腩。腩肉切得很薄，又脆又香，加上上等的欖角惹味，魚乾又鮮甜，蒸出來的汁濃郁，是下飯的恩物。

夥計問有條金邊龍舌要不要試試？當然叫了，不錯。"這是名副其實的飛機魚，剛剛運到。"他笑嘻嘻地說。

聽到不是本地魚，打了一個折扣。

"有沒有真正釣到的黃腳鱲？"

"有，有。"他說，聽了大喜，當今黃腳鱲幾乎絕跡，養殖的肉似嚼蠟。

上桌一試，雖無泥味，但還是不行，有點失望。

澳門的煮炒，大同小異，一般餐廳都有水準，"新陶陶"等都做得好，但"六棉"佈置得像"陸羽"，有點古風，請客時選擇它，不會介紹錯的。

路環黑沙海灘9號
Praia Hác Sá 9, Coloane

(853) 882 264

12nn-11pm

葡式煎蝦、燒乳豬、炒蜆
Portuguese fried prawns, suckling pig,
stir-fried clam

FERNANDO 法蘭度

炆牛尾最精彩，又軟又香。這是最好、
最正宗的一頓葡國菜，吃完別的地方也不必
再試了。

The braised oxtail is tender and fragrant. This is the
best and most authentic Portuguese dish there is, after
which you do not need to go anywhere else.

我一向對葡萄牙菜印象不佳，是因為沒吃過什麼標青的。

現在來到的黑沙灣，是離開市中心最遠的地點，車程約需半小時以上，經過高爾夫球場和 Westin 酒店，再走一段路才能抵達。

餐廳叫"法蘭度"，是一間平房，天花板很高，走進去是一個大廳，廚房後面又有一個大廳，坐滿客人，大家喜歡面對後花園，廣大清靜，有點歐陸味道，香港找不到那麼大的空間。

看菜牌，選擇不多，簡簡單單的幾類，只有葡文和中譯，英文欠奉，我們有八個人去，可以多叫一點菜。

大家都叫湯，有兩個選擇——清菜和雜菜，我都不要。上桌一看，果然是一個大碗，分量極多，要是一個一碗，加上肥大的麵包，已填得飽飽，什麼都不必吃了。我拿一個小碗，從別人的湯舀一匙試試，味道平凡，不下味精之故，但不清淡，用大量的蔬菜和薯茸熬出來，清湯中有幾片香腸，雜菜者全素。

炆牛尾最精彩，又軟又香。燒乳豬的皮很脆，不像一般葡國菜那麼冷硬；燒豬肝一大碟，一個人吃絕對會膩。炒蜆可以匹敵中式的豉汁，帶點辣，更刺激胃口。蟹煲則普通。白焓馬介休一大塊，很地道、很入味，比燒的好吃。紅豆豬手中不盡是豬手，還有豬脷、血腸等和大粒的紅豆一塊炆，湯汁比菜好吃。最多人叫的是煎蝦，做得不俗。

這是最好、最正宗的一頓葡國菜，吃完別的地方也不必再試了。最有意思的是菜牌後面的一排小字：若客人對本餐廳有任何問題或建議，請不要靜靜帶回家，本餐廳很樂意當場聽取並改善。

路環計單奴街21號
Rua do Caetano 21, Coloane

☎ (853) 882 021

🕐 11am-3pm, 6pm-11pm

🍽 古法陳皮鴨、上湯路環雞
Tangerine duck, chicken soup

CHAN SENG KEI 陳勝記

家鄉扣肉缽是把五花腩用針刺過，在滾水中壓扁，油炸過後再和梅菜蒸數小時才上桌的，忍不住要叫一碗白飯配著吃。

To prepare home-cooked braised pork, firstly use a needle to make holes in the streaky pork, then press it flat in boiling water before frying in oil, and finally steam together with preserved vegetable for a few hours.

有些人還以爲我對澳門吃的很熟，其實我來來去去都吃那麼幾家餐廳。今晚，旅行團團友鄭先生夫婦帶路，光顧"陳勝記"。

如果你也和我一樣沒去過，便會感到意外驚喜——一個小廣場，面對著巍偉的天主教堂，和歐洲常見的一模一樣，差別是這裏長年打亮著燈，好像每天都在慶祝節日。

廣場兩旁的走廊，由政府租給食肆，一間葡國菜，另一間就是"陳勝記"了。它在教堂隔鄰的老店只能坐八桌，發展進走廊，擴大了空間，只是被三株四人合抱不住的樹幹佔去不少位置，大家儘管叫這些樹爲榕樹，其實正名爲"假菩提"，至少有200歲的樹齡。

在這種異國風情的環境下進食，印象已經加了一半的分數，陳老闆本身有漁艇捕獲多種當地海鮮獻客。

鄭太太每天看《蘋果》專欄，知道我最討厭吃養殖的鱲魚。事前訂了一尾野生的，蒸得剛好，香甜得很。又來尾鹹淡水交界，澳門獨有的大龍利。見有硬殼的九蝦，肉最鮮美，但已吃不下去，沒有叫。

家鄉扣肉缽是把五花腩用針刺過，在滾水中壓扁，油炸過後再和梅菜蒸數小時才上桌的，忍不住要叫一碗白飯配著吃。

來碟蔬菜吧，有什麼特別一點的？當造的是蕎。它的莖呈黃白色，像韭黃，口感與韭菜不同，有它強烈的個性，帶辣。有些人吃不慣，我則蠻喜歡，尤其是和燒肉一起炒，爆得很脆，皮像豬油渣。

最後上的是花蟹大蜆湯，和冬瓜一起滾，甜上加甜，當然一點味精也派不上用場。

這家人拿手的還有上湯路環雞、巧手焗禾蟲、古法陳皮鴨和濃湯雞煲翅等，只有等下次去才有空位填肚。

台灣

Taiwan

台北市大安區信義路二段194號 (永康街口)
194, Hsinyi Road, Sec. 2, Ta-an District, Taipei

☎ (886 2) 2321 8927

🕐 周一至周五: 10am-9pm; 周六/公共假期: 9am-9pm
Mon-Fri: 10am-9pm, Sat & Public holidays: 9am-9pm

🍴 小籠包、元盅土雞湯、菜肉蒸餃
Xiaolongbao (steamed dumpling), chicken soup, steamed
vegetable and meat dumpling

DIN TAI FUNG 鼎泰豐

小籠湯包是全店的寶貝，一
粒粒櫻桃般大，裏面還充滿汁，
最不容易做了。

Xiaolongbao is the specialty here. Its
size is only that of a cherry, yet it is
filled to the brim with stock. A difficult
fact to achieve indeed!

台北的"鼎泰豐"，旅行慣的人都去過，不必我再作介紹，這次主要是看它的中央廚房。

老闆楊紀華在門口相迎，介紹了廚長呂若望。

地方並不是很大，目前的生產只供應本店，今後一天的生產量則可以達到15000個蒸餃，8000個燒賣和3000個大包，處理七至八百公斤的原料，可滿足七八間分店。

之前先換上白袍，戴口罩，穿長膠靴，還要進入消毒室風吹、洗手、浸靴，再到廚房。

一群人在包小籠包和餃子，其中有十幾個香港派去的師傅在學習，和我親切地打了招呼。

"放鬆點，不要用力。"楊老闆看了指導。

香港來的小姑娘還是那麼緊張，一個水餃要折18疊才是標準，手忙腳亂。我看得技癢，拿了一塊皮自己包，別說能折多少疊了，弄得一塌糊塗，滿手肉餡。

再走到另一張桌子，七八個師傅圍著，其中一名將包了肉餡的麵糰放在電子秤上，不多不少，標準重量21公克。

"訓練到這個程度，需要多久？"我問。

"包餃子三個月。"呂廚長說："包小籠包三個月。店裏全部產品的製作都學會的話，兩年吧。"

香港師傅之前來了北京師傅，北京師傅之前來了日本師傅，都要在這裏長時間訓練才可以去開分店。

"就算蒸籠，也要講究。"呂廚長說："竹頭太乾了會爆裂，太濕了會發霉。"

在香港製造的蒸籠，拿樣辦給他們看了四次，才算合格。

與我同行的香港記者問了楊老闆很多店裏成功的因素，他簡單回答："一次做得好很容易，幾十年來都做得同樣好就比較難一點。"

問來問去，還是沒有問到招呼客人的系統。我指出："這一套學問，我去了那麼多間餐廳都還沒看過，簡直可以開班教課，大家到店裏看看就知道。"

在台北信義路二段，永康街口的本店外，永遠排著長龍，已是這都市的一個現象。

一般客人用餐時間平均爲40分鐘，怎樣充分利用來做多幾轉？

第一，先把菜單拿到排隊客人的手中，給他們仔細研究，再下單，單子一下即刻由戴著無線電麥克風的侍女們傳到櫃檯，打入電腦。連座位也排好，從點菜、出菜到結賬，一次過把資料 Key in。據楊老闆說："平均錯誤率不到一個巴仙。"

一坐下來，就看到牆上掛著給員工的指示："一般服務該做到，客人一叫就要到，客人揮手要看到，客人一動就知道，時時注意勤做到，完美境界可達到。"

客人一動就知道的"知道"，言下之意，是知道要埋單。

說得容易，做得到嗎？至少在香港就沒看過，但在台北"鼎泰豐"，的確是做到了。

"你是不是給他們很多錢？"客人問楊老闆。

他笑著不回答。客人一多，過鐘費當然是給足了，同時還加上對員工的關懷吧？

香港的記者們看得感歎，向我說："你有沒有看到侍應們每一個都從心裏笑著？"

無處不在的主管娟娟也很重要，她是一名猛將，一切看得清清楚楚，指導無微不至，這種人才放在餐廳裏是"總控"，命運安排在政壇的話，一定是部長級人物了。

麥當勞生意也興隆，但東西好吃嗎？我不知道，"鼎泰豐"的小籠包的確不錯，價錢台灣人都說貴，但每籠才20幾塊港幣，我們不覺得。

"日本的三家分店賣多少？"我問。

"台灣的1.5倍。"楊老闆說。

小籠湯包是全店的寶貝，一粒粒櫻桃般大，裏面還充滿汁，最不容易做了。

"師傅至少要學上三年。"楊老闆解釋。

怪不得只在星期六和星期天早上9點到10點那一小時之內供應呢。

到台北，不去"鼎泰豐"等於沒去過台北，尤其是早餐。一提到早餐，所有的台北朋友或做生意的友人都一定建議去那裏。

友人亞爾拔·李帶了小女兒去台北三天，一面談公事，一面度假。訂了三個早餐約會，都在"鼎泰豐"。

小女兒抱怨說："爸爸，我下次來，一定不去鼎泰豐了。"

台北市成都路56號
56, Chengtu Road, Taipei

(886 2) 2375 7575

10am-8:30pm

鴨舌、鴨翅、鴨胗
Duck's tongue, duck's wing, duck's gizzard

LAO TIAN LU 老天祿

鴨舌可以吃的部分並不多，最美味、最有咬頭的是舌尖，再來是黐在舌根上的那兩條筋，肉少得不能再少，但細嚼之下，舌筋上的肉更是美味，令人上癮。

Very few parts of the duck's tongue can be eaten. The most delicious and crunchy part is the tip, next comes the two tendons at the root of the tongue. There is not much meat, but if you chew slowly and carefully, it definitely tastes better! You could be addicted to it!

從前朋友去台灣，總是買牛肉乾當手信。牛肉乾太硬，嬌生慣養的香港人不欣賞。當今流行的，是鴨舌頭。

什麼時候開始流行，已不必去考究，總之香港人愈啃愈有勁，一吃可以吃上三、四十條。

鴨舌可以吃的部分並不多，最美味、最有咬頭的是舌尖，再來是黐在舌根上的那兩條筋，肉少得不能再少，但細嚼之下，舌筋上的肉更是美味，令人上癮。

滷出來的鴨舌，分辣和不辣兩種，前者較受歡迎。大家都有一檔自己愛吃的店舖，每個人口味不同，最老字號的是在西門町國賓戲院附近的"老天祿"。

"老天祿"在1949年創立，老闆叫蔡毓泉，現在由第二代的蔡清國經營此店。除了賣鴨舌頭之外，還有鴨翅、鴨腳、鴨心、鴨肫及鴨腸。同樣翅腳內臟，也有雞的。其他是滷蛋、豆乾、豆皮、海帶、筍、牛肉、牛肚、牛筋等小食，數之不盡。

有許多朋友大罵我："那家古店已經沒有從前的水準，怎麼可以亂介紹？"

我一向認為爛船還有三斤鐵，這家人的鴨舌頭吃起來差不到哪裏，至於由"老天祿"的大師傅自己出來開的一家小檔，也在國賓戲院對面，是不是味道更好呢？見仁見智。若平心靜氣地比較，兩者都不錯。

問老闆蔡先生："一天可以賣多少條鴨舌？"

"4000條左右。"蔡先生回答："也分台灣舌、北京舌和進口舌！"

"什麼叫北京舌？"

蔡先生說："從北京烤鴨拔出來的舌。"

我們聽了都笑到碌地。

台北市大同區延平里歸綏街204號
204, Kueisui Street, Yenping Road, Tatung District, Taipei

☎ (886 2) 2553 0538

🕐 10:30am-9pm

🍽 乾意麵、湯意麵、餛飩意麵、豬心、魷魚
Yi noodle (dry/soup), Yi noodle with *wanton*, pig's heart, squid

YI MIAN WANG 意麵王

麵條分量並不多，吃得過癮，至少要兩碗。我喜歡吃麵，但也不叫兩碗，另一碗要了乾米粉。台灣米粉幼細，有彈力，很好吃。

The portion is small, you have to eat two bowls to feel satisfied. I love noodle, but for my second helping, I order a bowl of dry vermicelli. Taiwan's vermicelli is thin, fine, springy and very tasty.

187

親戚過世，從香港趕回去拜祭。早上去，下午返。吃飯，也就胡亂地在附近搞掂，但覺得還滿意，尤其想起麵癡友人，更得介紹。

"意麵王"在台北已經開了50多年，一共有兩家，我們常去的是士林區的那間。門面開放，一個廚櫃燙麵，其他數張桌子可以坐34個客人。

台灣人的所謂"意"麵，和香港人的"伊麵"完全不同，像雲吞麵的銀絲麵多過像乾燒的伊麵。麵條細，燙得較銀絲麵軟，也沒有銀絲麵的彈性。吃進口，口感不錯，麵中有鹹水和蛋，很香，不像白色的上海麵條那麼沒有味道。

師傅把一個小竹籠放進滾湯中，投下一團麵，用另一個竹籠把麵條壓著，不讓它散開，一上一下地把兩個竹籠抽動，約一分鐘左右，麵就燙熟了。空碗中放了醬油、乾蔥和肉碎，把麵裝進去，攪拌一下，再將豆芽燙熟鋪面，一碗乾意麵就能上桌。如果點的是湯意麵的話，再淋上味精水湯即成。

麵條分量並不多，吃得過癮，至少要兩碗。我喜歡吃麵，但也不叫兩碗，另一碗要了乾米粉。台灣米粉幼細、有彈力，很好吃。

切盤，是將配料切片，抓一撮薑絲，淋上濃厚的"醬油膏"。選擇有豬心、豬肝、三層肉、魷魚、燒肉、臘腸和滷蛋。鯊魚切片是特色，香港少見。另外的"肝連"，與肝無關，是粵人叫做"豬肺裙"的肉。

湯則有魚丸湯，與潮州的不同，近福州丸，其中有肉餡，餛飩做得小小粒，很可口。去台北找麵吃，不妨試試"意麵王"。

台北市西寧南路155號3樓
3F, 155, Hsining S. Road, Taipei

☎ (886 2) 2331 3931

🕐 11am-2pm, 5pm-9pm

🍽 腰花海蜇、雙丸湯、海鮮米粉、紅糟羊肉
Stir-fried kidney and jellyfish, fishball and meatball soup,
seafood vermicelli, stewed mutton

FUCHOW HSIN LI TA YA RESTAURANT

福州新利
大雅餐廳

精彩之處在於墊底的油條，切成一小片一
小片和豬腰海蜇頭一塊兜炒。除了甜酸之
外，還有三種不同脆度的食物，是福州文化
之最高境界。

The kidney and jellyfish is stir-fried with thin strips of
you tiao. Besides having a sweet and sour flavour, there
are three different kinds of crunchiness to this dish. This
is the highest achievement of Fuchow culinary culture.

拍台灣的飲食，少不了福州菜。

雖說台灣人多數是由閩南移民過去，福州人也不少，從前開了許多家餐廳，但現在僅存"福州新利大雅餐廳"。

起初還以爲他們不做了，後來去老天祿買鴨舌頭時在對面看到招牌，即刻摸了上去。普通客人如果不是福州老鄉介紹，在食肆林立的西門町中，也絕對不會選中這一家。

看到菜單已禁不住垂涎：腰花海蜇、紅糟羊肉、雙丸湯、海鮮米粉等，都是久未嚐到的美味。

腰花海蜇用兩種很爽脆的材料混合爆成，加上糖醋。精彩之處在於墊底的油條，切成一小片一小片和豬腰海蜇頭一塊兜炒。除了甜酸之外，還有三種不同脆度的食物，是福州文化之最高境界。

雙丸湯用的是福州魚丸和燕丸，前者很大粒，丸中包著肉碎，咬起來一不小心，湯汁噴出老遠，或濺得一身黃漿；後者用燕皮包餡，皮薄肉甜。

羊肉用紅糟來燉，福州人釀紅米酒，喜愛用剩下的酒糟做菜，和客家人一樣。這一道羊肉燉得軟熟，以酒糟來減少羶味，但又留下一點點，實在考師傅的功夫。

海鮮米粉是客人必叫的，先以蛤蜊、鮮蝦和螃蟹熬湯，再加入米粉燜煮而成，還有一些白菜，湯當然不用加味精也鮮甜。螃蟹也煮得剛好，沒有因爲熬了湯而失了吃頭。我愛吃麵，以麵代替米粉，老闆本來不肯做，但在我堅持之下，只有依從。油麵的鹼水味滲入，更是天下絕品。

本來要叫草包飯，是用一個個小草包，加入生米炊成。吃時往碗中一擠，波的一聲，香噴噴地上桌，但可惜已不做了。

澳洲

Australia

西墨爾本史丹利街71-73號
71-73, Stanley Street, West Melbourne

(61 3) 9326 5790

6pm-11pm

宮廷菜
Chinese Imperial Court cuisine

LILI's 厲家菜

調味調得極好，且有彈性，皮本身已是好吃，而鮮貝獨立地藏在皮中，剛剛夠熟，是煎炸廚藝的頂峰。

The crust is well-seasoned, crispy and delicious on its own, whereas care is taken not to over-cook the fresh scallop within. This is the best way to fry food.

真想不到，來了墨爾本才吃到厲家菜。

因不做宣傳，很多澳洲人也不知道有這麼一家館子。

進門就看到很多溥傑的字和一些歷史照片，講述厲家菜爲宮廷菜的背景。

只有一個小廳可坐10至15個人，大廳五、六張桌子，各坐四至五位，就此而已。所以要吃飯可得先預訂，臨時走進去是不行的。

整個廚房由主人厲莉和她的弟弟厲曉麟兩人主掌，據說厲祖父對這位孫女特別寵愛，傳以廚藝最多。移民到墨爾本，是我們的口福。

先來她叫做"手碟"的小菜，有炒鹹食、芥末墩、桂花糖藕、北京煙肉、香味雞、拌扁豆、椒鹽魚塊、豉板大蝦、腐皮捲、炸藕夾等，皆美味。有些小菜像拌扁豆和桂花糖藕，也許皇帝吃起來覺得新鮮，對我們來說卻是普通得很。但是平凡中也見功力，那道芥末墩，將英國芥末泡於白菜心中，刺激醒胃。

熱菜有軟炸鮮貝、黃燜魚翅、原汁鮑魚、一品大蝦、紅燒鹿筋、鍋燒鴨子等。

軟炸鮮貝有點像天婦羅，但皮並不只是麵粉，應該是將鮮貝磨漿滲在粉中。調味調得極好，且有彈性，皮本身已是好吃，而鮮貝獨立地藏在皮中，剛剛夠熟，是煎炸廚藝的頂峰。

煨魚翅的湯很濃，翅的分量足夠，喜愛淡湯的南方人也許不習慣，但可與潮州的紅繞翅匹敵。原汁鮑魚用的是澳洲鮑，無糖心，勝於調味，並且夠軟熟。

鹿筋做得並不起色，皇帝爲什麼愛吃？大概是需要多一點膠質來應付後宮三千吧。甜品的三不黏——不黏筷、不黏碟、不黏牙，不膩又不太甜。應改爲四不黏，不黏胃嘛。

北墨爾本考特尼街和布萊克霍德街交界處
Cnr Courtney & Blackwood Streets, North Melbourne

☎ (61 3) 9326 5766

🕐 12nn-2pm, 6pm-10pm

AKITA 秋田

整個墨爾本市有多家日本料理，吃得過的只有一家像居酒屋的鄉土料理叫"秋田"，其他不是香港人開的，就是馬來西亞人經營的假日本菜。

*A*lthough there are many Japanese restaurants in the city of Melbourne, the one which is slightly better than the rest is Akita that sells authentic home-cooked meals. The rest, operated by either Hong Kongers or Malaysians, are selling fake Japanese cuisine.

在墨爾本吃日本菜，很差勁。

魚生的種類選擇不多，貝殼類更是少得可憐。

問題出在哪裏？皆因澳洲人窮，消費力不強，如果由日本空運過來，價錢一貴，便少人問津了。哪像香港和新馬人那麼大手筆。

其實就地取材也行，但是像金槍魚（Tuna），澳洲産的都比較小條，魚身沒有脂肪，魚腩的 Toro 部分不見粉紅顏色，整條魚是 Maguro，切不出一片肥膏。

他們的 Hamachi 也是營養不足，美國和歐洲的還吃得進口，澳洲的只得一個鮮字，肥是永遠談不上的。

只有三文魚還像樣，但是三文魚是魚生中最不好吃的一種，原因在於它的個性太強，有一股強烈的味道，多生膩。要試也只能吃蘇格蘭三文魚，阿拉斯加的都嫌賤。

在澳洲，吃來吃去也是以上這三種最普遍的魚生。

至於貝殼類，首選當然是生蠔，但澳洲人認爲吃生蠔去意大利餐廳吃就好了，何必跑到那麼貴的日本舖頭讓人敲竹槓？所以一般日本料理都不賣生蠔。

最常見的是帶子，但帶子味淡，沒有什麼吃頭。只有鮑魚刺身又便宜又好吃，澳洲的青邊鮑大到極點，切頂上那塊圓的部分進口，又軟又香，但是大師傅把最好吃的鮑魚腸扔掉，我們也不敢向他要，不知道澳洲鮑魚腸和日本的有什麼不同，吃了會不會拉肚子。

龍蝦也不錯，澳洲龍蝦是煮熟的，肉質粗糙，但是吃刺身就不要緊，反而彈牙。

整個墨爾本市有多家日本料理，吃得過的只有一家像居酒屋的鄉土料理叫"秋田"，其他不是香港人開的，就是馬來西亞人經營的假日本菜。

墨爾本列治文區橋樑道61號
61, Bridge Road, Richmond, Melbourne

☎ (61 3) 9428 5833

周一至周五: 12nn-3pm, 6pm-11pm;
周六: 6pm-11pm
Mon-Fri: 12nn-3pm, 6pm-11pm;
Sat: 6pm-11pm

牛排
Beef steak

VLADO's

不知接下去還有幾道菜, 不敢多吃, 只想試一口, 豈知味道不錯, 忍不住吃了半條。

As I am not sure how many dishes there would be, I only want to have one bite of the hot dog. But it tastes quite good that I could not help but eat half of it.

這家牛排專門店，據說要早一兩個星期訂座，臨時決定怎辦？硬著頭皮打了個電話去，說是"萬壽宮"的老闆劉先生的朋友，果然對方即刻說想辦法。

店子很小，最裏面是個開放式的炭爐廚房，爐前一列玻璃櫃，擺著各種肉塊，皆鮮紅。

老闆 Vlado Gregurek 親自站在爐後燒烤，他目顧四方，悠閒地把一大塊肉用力地敲打後放在鐵架上烤。侍者遞上酒單，正在納悶爲什麼沒有餐牌時，往周圍一看，其他桌子也沒有餐牌，原來這是一家不能點菜的餐館。

坐下不久，侍者便拿來一條香腸，烤乾了油，略焦，放在你面前的碟子上。不知接下去還有幾道菜，不敢多吃，只想試一口，豈知味道不錯，忍不住吃了半條。再下來是一片豬的頸項肉片、一塊迷你型漢堡和一片 Sirloin。

老闆看著每個客人的進食速度，知道這幾片肉已吃得差不多，便用車子推了肉塊前來，是 Sirloin、Fillet 和 Rump 三種肉。

客人只可選其中一種，老闆問如何燒法、幾成熟等，你如果要全熟，他就不太高興。

我開玩笑說： "爲什麼只專心做牛排？爲什麼只選這三種肉？你一定只有一個老婆。"

老闆笑了說： "一隻牛，只有這三個部分的肉最高貴。是的，我只有一個老婆。"

"舌、心、肝、胃，都很好吃呀！"我以爲他一定辯論說什麼洋人不肯吃內臟，豈知這位仁兄意味深長地說： "那是因爲我們這裏只做炭烤，這些部分需要像你們中國菜的調味，單單是烤，不會做得好。"言之有理，甘拜下風，老闆已在這裏烤了33年肉，他說： "33年後，我不會在這裏了，今晚儘管讓我來好好服侍你吧。"

日本
Japan

東京渉谷區廣尾1-3-13
1-3-13, Hiroo, Shibuyaku, Tokyo

(81 3) 5420 2225

麵
Noodle

HAKATA IPPUDO 一風堂

進門可見一個大鼎，不斷地滾著湯，據說
這家人不惜工本追求完美，連水也不用水喉
水，一定要用礦泉水才過癮。

Near the doorway, there is a big pot of soup boiling
away. This shop is relentless in its pursuit for perfection:
they do not use tap water for cooking, only mineral
water will do.

東京有個叫"惠比壽"的地方，離涉谷不遠，很多影視界的人都住在這一區。

在車站附近，開了麵檔，大家都說好吃，大排長龍。結果左一家右一家，許多人來搶生意，惠比壽麵到底是哪一家最好吃？已搞不清楚了。

在百貨公司、超級市場中，可以看到"惠比壽"牌的即食麵，吃起來和其他即食麵沒有什麼分別。惠比壽是不是浪得虛名呢？

這次到東京宣傳新書，出版社就在惠比壽，所以一有空就跑到各家麵檔去試，發現味道普通得很，除了一家叫"一風堂"的。

進門可見一個大鼎，不斷地滾著湯，據說這家人不惜工本追求完美，連水也不用水喉水，一定要用礦泉水才過癮。

他們用礦泉水來滾豬骨、雞骨和蔥。他們認為礦泉水含大量礦物質，脂肪一遇到鈣就容易分解，吃起來比較健康。

麵條很細，有點像我們雲吞麵檔的那種，和一般日本拉麵店的不同。麵條是自己搓的，只供應"一風堂"店舖。

醬油也是獨家調配，別的地方吃不到，以八種材料混在一起。至於是哪八種，他們認為是商業秘密，不肯透露。

主要分"赤丸新味"和"白丸元味"兩種，前者較濃，後者較淡。

我吃了兩碗比較，的確又香又濃，味精也下得不少。

為什麼那麼好吃？什麼礦泉水、特製湯料都是假的，秘密只是在於用的都是豬油。豬油，當然又香又好吃囉。

東京千代田區有樂町1-2-8
1-2-8, Yurakucyo, Chiyodaku, Tokyo

☎ (81 3) 3580 1948

🍽 牛腩飯
Beef Rice

KEIRAKU 慶樂

我 從學生時代吃起，這碟牛
腩飯30多年來，味道保持著它的
水準，真不是件易事。

I have been eating the beef rice from
this shop since I was a student. The
standard has not dropped for more than
30 years. It is no mean feat.

來東京，必住帝國酒店，爲了舊時工作方便，電影公司都在附近。銀座購物中心，也是五分鐘的步行，但還有一個重要的環節，那就是到酒店前面一家叫"慶樂"的中華料理舖吃他們的牛腩飯。

我從學生時代吃起，這碟牛腩飯30多年來，味道保持著它的水準，真不是件易事。

今天放下行李後又去吃，遇到了店主區傅順，談起他爸爸區亮鄉。區老先生戴粗框眼鏡，蓄小髭，店裏壁上掛著他的黑白照片。當年，他坐在店中抽煙，記憶猶新。

"你父親到底是哪裏人？"一直想知道，現在可抓著這機會問問。

"順德人。"區傅順先生說："18歲跟父老們來日本，西曆1921年出生。"

"這碟牛腩飯是怎麼個做法？"我問。

區先生毫不保留地說："先把牛腩切塊，煮兩個小時，放些五香粉調味，煮好一大鍋放在一邊，客人下單，師傅再將它下鍋加上一層薄薄的芡，另外配上菠菜，就能上桌。""別的地方的牛腩總有怪味，爲什麼你們的那麼好吃？"

"主要是用日本牛肉，價錢再貴也不用美國的。"

"爲什麼能保持同樣味道？"

"父親在世時自己做，後來我做，我的兒子，是現在的大廚。"區先生說。

見店中椅子，還是從前留下的酸枝，靠背處刻著"慶樂"二字。區先生說也應該換了，我建議他把靠背的木板留下，鑲入新椅。

"我也想，但是工匠們嫌煩，還是重新刻過吧。"區先生苦笑。

今後去"慶樂"吃，椅子換新，但食物不改，絕不折衷。區先生答應。

大阪市東心齋橋2-5-31
2-5-31, Higasi-Shinsaibashi, Osaka

☎ (81 6) 6212 1344

🍽 燒烏魚子
BBQ mullet

IKI

店 主人岡田利勝認出我，把店裏最好的東西都拿出來。想不到他們燒的烏魚子那麽好吃，絕對不比台灣的差。

The shop owner recognises me and brings out his best dishes for me to try. It is a surprise that their BBQ mullet is so good, comparable to those from Taiwan.

我在心齋橋的商店中，看到一塊招牌，寫著個 "粹" 字。"粹"，日文唸成 iki，意思是漂亮、俊俏、瀟灑、風流。

店主人岡田利勝認出我，把店裏最好的東西都拿出來。想不到他們燒的烏魚子那麼好吃，絕對不比台灣的差。台灣本地烏魚子已經被人吃得七七八八，現在多數是外國輸入的。日本還有少量的真正烏魚子，微火烤後拿來下酒，吃不飽的菜，最妙。

櫃檯的玻璃櫥中有 kinki 魚，用清酒和醬油煮，不遜中國人的燻魚。但是這種魚不受大阪人喜愛，他們的 isaki 魚比 kinki 更好吃。我不同意，主人岡田也不同意，所以他沒有入貨，只賣 kinki。我們又不謀而合地說煮才好吃，炸就可惜了。

生東西還有 "岩蠔"，這種野生的蠔，殼很厚，像塊大石頭，至少要一二十年才長得那麼大。人工養的殼很薄，味道簡直不能比。把 "岩蠔" 剝開，裏面的肉一口咬不下，用刀切成三塊才能吃，甘甜無比。

岡田又拿出醃鮑魚腸出來，我吃完之後用燙熱的清酒淋在吃剩的腸汁上，一口乾了，看得岡田大力點頭讚許。

見菜單上有豆腐乳，即刻叫來試，不知道日本也有這種漬物。岡田說九州人把豆腐炸了，放進味噌醬中醃一個星期，這一塊豆腐乳是他親自炮製的。

進口一試，不鹹。豆腐乳做得不鹹，只有在 "鏞記" 吃過，想不到日本人也會做。

價錢相當公道，還給岡田選擇三樣菜下酒，一共3800円。如果七樣菜，也只要6000円，400多塊港幣，在香港絕對吃不到。下次你經過大阪，絕對要去試試。

大阪市中央區難波1-2-10
1-2-10, Nanba, Chuoku, Osaka

☎ (81 6) 6211 6481

🍽 甜品
Zenzai (Red bean soup with rice cake)

MEOTO ZENZAI 夫婦
善哉

我到大阪的時候，一定光顧 "夫婦善
哉" 甜品店。我並不是對吃甜品有濃厚的
興趣，而是被這家人的傳說所吸引，走去
懷舊一番。

Whenever I am in Osaka, I would visit this dessert
shop. Not that I like to eat sweet stuff, but I am
fascinated by the legend behind this place.

我到大阪的時候，一定光顧"夫婦善哉"甜品店。

我並不是對吃甜品有濃厚的興趣，而是被這家人的傳說所吸引，走去懷舊一番。

爲什麼叫"夫婦善哉"呢？

這是從織田作之助的同名小說改來的，織田的故事說有個叫蝶子的女人，家裏是開天婦羅炸蝦店，愛上了一個有婦之夫柳吉。柳吉放蕩不羈，只愛講笑話，抽煙喝酒。他是有才華的，但看不慣這個社會的制度，什麼都不做。蝶子愛上他之後，把她的一生儲蓄全交給他花光爲止，目的只是要勸他好好做人，別浪費青春。

這種故事本來常以悲劇收場，但作者織田反傳統地將一切化爲幽默、惹笑、荒唐，把柳吉和蝶子間的愛情升華，認爲他們比真正的夫婦更像夫婦。

作者很年輕就患肺病死了，他小說中的甜品屋是虛設的，但人們爲紀念他開了這家店，賣的是紅豆煮年糕。作者最愛徘徊在大阪市中心的法善寺橫巷，巷裏有很多餐廳和酒肆，現在這家"夫婦善哉"就開在這裏。

後來，這故事也拍成電影，由森繁久彌演柳吉，淡島千景飾蝶子。在電視上，這個片集也拍了又拍，代表了大阪市一種特別的情懷。大阪人很會做生意，也愛吃、愛泡、愛喝酒。步伐很像香港，所以我感到非常親切。

"這種故事只有男人愛聽，我們才不肯做這種傻事！"異性大表憤怒。

我也不反對這種看法，只認爲太理所當然了。而理所當然的事，當然不會變爲永垂不朽的傳說。

大阪市中央區平野町4-6-18
4-6-18, Hiranocho, Chuoku, Osaka

☎ (81 6) 6231 5770

🍽 烏冬麵
Udon suki (Japanese style pot noodle)

MIMIU 美美卯

鍵在於湯底，昆布愈熬愈出味，加上蛤
和雞肉，也感鮮甜。當然我們不會忘記日本
人吃味精是家常便飯。

*T*he important thing is the broth. The kelp flavour is
strong, the clam and chicken are fresh and sweet, and
of course, Japanese are notorious for using a lot of
MSG.

209

我只愛吃麵，不喜歡烏冬，但是凡事都有例外。如果我人在大阪，有時也會去一間叫“美美卯”的老舖去吃。也許可以說得上是日本最佳的烏冬舖之一吧，烏冬癡會發狂。

創業至今也有200年了，名流貴族都曾光顧，谷崎潤一郎也最愛去吃碗烏冬。老店至今還是那麼古色古香。

主角是用各種配料來打的烏冬邊爐，叫 udonsuki，分梅4000円、竹5500円、松6500円和菊7500円，價錢多年不變。

內容有什麼？下酒小品——煮小螺、三文魚、蝦等。醋之物有醃八爪魚；刺身看是什麼季節切什麼魚；天婦羅炸蝦、芝麻豆腐。然後是主菜料——蛤、鰻魚、雞、白菜、蘿蔔、冬菇和腐皮。最後送上甜品。

一大鍋湯上桌，滾了之後就把材料放入，再加上店裏特製又粗又大的烏冬。

花樣搞得特別的是有個四方木盒，打開一看，是一人份的兩尾活蝦，用夾子夾了打邊爐。日本人一看驚歎厲害，我們吃慣白灼蝦的，也不覺有什麼稀奇。

關鍵在於湯底，昆布愈熬愈出味，加上蛤和雞肉，也感鮮甜。當然我們不會忘記日本人吃味精是家常便飯。

烏冬煨得熟透，就算是我這種沒什麼興趣的人，也能吃它一兩碗。舀湯的匙是用一個貝殼夾在樹枝上做的，但用久了搖搖晃晃，像女侍者一般老。

4000円和7500円的定食基本上分別不大。我最喜歡的還是這家人的“割子麵”，也叫碗子麵，一碗碗地倒給你吃，任食不嬲。本來那個碗是圓底，不能停留在桌上，非一直吃下去不可，但這家已改良爲普通碗，不那麼好玩。

大阪市中央區日本橋1-21-33黑門市場內
**Kuromon ichiba, 1-21-33, Nipponbashi, Chuoku,
Osaka**

☎ **(81 6) 6646 0145**

🍽 壽司
Sushi

SUEHIRO

我一向主張吃東西最好是找市場裏的店舖，客
人多是小販，知道什麼是最新鮮的，又知道本錢多
少，而且嘴刁，去他們光顧的舖子，錯不了。

I always believe that the best restaurants are found in the
marketplace. As most of the customers are food-sellers
themselves, they know where is the freshest and best food.
They also have high standards when it comes to eating. Hence
we could not go wrong by customising those shops they go to.

在大阪，要找到一家壽司店並不容易。壽司，東京人吃得多，所以叫江戶前壽司。大阪最好的壽司之一，在黑門市場，叫"壽惠廣"。

至於黑門市場的由來，是在1822年賣魚的小販在這裏聚集，自然產生的。這一區有間叫圓明寺的廟宇，當年也叫圓明寺市場，在1912年有場大火，廟搬走了，市場還留著，沒有了名字。附近的千日前是犯人斬首的地方，有一黑門，犯人要被運過黑門才到達刑場，失去名字的市場，才叫黑門市場。

我一向主張吃東西最好是找市場裏的店舖，客人多是小販，知道什麼是最新鮮的，又知道本錢多少，而且嘴刁，去他們光顧的舖子，錯不了。

"壽惠廣"的門面中有一水箱，游著魚蝦，走進去向大師傅一指，即刻整尾劏給你吃，大師傅人長得高大，姓林。姓林的日本人很多，發音是 Hayashi。

到高級壽司店吃東西，心驚肉跳，不標明價錢，不知道口袋裏的夠不夠付。"壽惠廣"算得清清楚楚：油乾魚、魷魚等壽司一個150円；海鰻、生蠔等250円；Toro 和 Ikura 等300円。

通常我叫的都是下酒的 Tsumami，意思是只要魚不要飯，分量比壽司多，價錢也較貴。兩個人去吃，叫最新鮮的材料，吃得飽飽，埋單10000円左右，合650港幣，包括酒錢。

什麼是當天最新鮮的呢？這就要看掛在牆上的黑板，用粉筆寫著什麼，什麼就是最新鮮的了。問題是有許多海鮮名都用片假名寫，沒有漢字。如果你喜歡吃生魚，就要死記幾個日文符號了。下這種功夫，才叫老饕。

🏠 新潟市東堀前通8番町1367
1367, Hachibancho, Higashibori-mae dori, Niigata

☎ (81 25) 229 0105

🍽 "粕漬"海鮮
Salmon, cod fish, fresh fish

KASHIMAYA 加島屋

新潟 "加島屋" 賣得最多的是鮭魚子 (Ikura)、鮭魚片和鱈魚春三種東西加起來的 三色粕漬，原汁原味，不加染色素，也無防腐劑。

Kashimaya in Niigata town is known for selling a three-coloured delicacy made up of salmon roe, salmon meat and cod roe. There is no artificial colouring or preservatives added.

出發之前到新潟市中心走了一圈。

菜市場那條街，有很多擺地攤的小販，和輪島市場一樣，由老太太做買賣，男人沒用。

看到剛剛蒸出來的年糕，大感興趣。新潟米好，做出來的年糕一定不錯。年糕之中，有些還加了料，是一粒粒綠色的豆。

豆類也是新潟縣的最好吃，日本人喜歡在夏天煮來下酒，稱之爲枝豆。枝豆的果實碧綠，曬乾了呈黃色，其實就是最普通的大豆，做醬油豆腐的原材料。

也有一包包扁平的東西出售，像小塊餅乾，原來是把新鮮大豆壓扁了，曬出來的東西，放進味噌湯中煮，最美味。

當今初春，油菜花最肥美，日本油菜的苦味，較我們的菜心重，吃了有陣甘香的味道，我最喜歡。看見菜市場中賣紅油菜，四川也有。當我講給朋友聽，菜心也有紅顏色的，沒有人肯相信我的話。

距離菜市場不遠，有家叫"加島屋"的老店，可真大牌，分店開到東京大阪的高島屋百貨公司之中。賣的是"粕漬"海鮮。

新潟以釀酒出名，用酒糟包魚蝦和肉類的醃製法，就叫"粕漬"。

新潟"加島屋"賣得最多的是鮭魚子（Ikura）、鮭魚片和鱈魚春三種東西加起來的三色粕漬，原汁原味，不加染色素，也無防腐劑。

"能放多久？"我問："不放雪櫃的話。"

"一天。"店員回答。

就是這一句"一天"，讓消費者排長龍來購買，認爲一定很新鮮。做生意，做得可真聰明。"加島屋"還賣醬糟魚腸，是珍味。一切食材經他們挑選，成爲名牌，做生意要做得像他們一樣才過癮。

新潟縣小千谷市城內1-10-24
1-10-24, Jyonai, Kojiyasi, Niigata

☎ (81 25) 882 6727

SAIGA **Sai賀**

來了幾個飯糰，用紫菜包著，咬了一下，新潟米肥，一粒粒的飯在口中磨擦，啊，天下竟然有此美味，對這種極簡單的食物致無上的敬意。

The riceballs are rolled in seaweed sheets. The rice from Niigata is fat and chewy. The goodness of its taste made me gain new-found respect for this simple dish.

看完了"小千谷縮"布料，已到醫肚子的時間，去哪裏吃午飯好呢？

我說："不如問問當地人。"

店員有兩個，一個很簡單扼要地介紹了小千谷縮的歷史，態度悠閒。另一個問一句答一句，目光呆滯。

前者走開，同伴要問後者，即刻給我阻止。我說："這種人只會帶便當到公司吃，外頭賣什麼都不知道。"

同伴不相信，結果不出我所料，對方只是一味搖頭。

前者回來了，答道："去前面一家叫 Saiga 的，不錯。"

依她指示的方向走去，見一間乾淨的餐廳，那個 Sai 字用日文平假名寫著，ga 字則用漢字的"賀"。

賣的是以當地材料做的各種料理，交到大師傅高島稔的手中，請他有什麼做什麼，價錢勿論，鄉下地方，吃多少都不會嚇死人，但師傅只做了幾種平凡的食物。

一些泡菜、一些海鮮，二月底的"鱵魚"（Sayori）最肥美，這種魚魚身很細長，下顎凸出針型的長嘴，又叫針魚，全身發亮，是屬於壽司之中"光物"（Hikarimono）的一種，普通時候不特別，當造時甜美，又沒有沙甸魚的腥味，好吃得不得了。

來了幾個飯糰，用紫菜包著，咬了一下，新潟米肥，一粒粒的飯在口中磨擦，啊，天下竟然有此美味，對這種極簡單的食物致無上的敬意，但也知道今後吃飯糰，再也吃不到更好的，覺得一點點傷感。

用酒糟炮製的冰淇淋雪糕是最後上的甜品，從來沒吃過這麼美味的雪糕，這一餐，吃得真幸福。

札幌市中央區南4條西2-14-6
2-14-6, Minami sijonishi, Chuoku, Sapporo

☎ (81 11) 222 2588

🍴 北海道毛蟹
Hairy crab

KANISHOGUN 蟹將軍

反 而是烤花朕蟹美味，花朕蟹腳似蜘蛛，
沒香港花蟹那麼肥，肉是一樣甜的。這隻蟹烤
起來全身通紅，很美，有如花開，故名之。

The legs of the BBQ crab is thinner than those found
in Hong Kong, but the meat is just as sweet. The crab is
grilled till its colour turns fiery red, just like a blossoming
flower.

到札幌市一家叫"蟹將軍"的館子吃螃蟹。日本螃蟹，種類分三大種——阿拉斯加蟹、花朕蟹和毛蟹。我認爲花朕蟹的肉最甜，其他兩種很普通，差大閘蟹和花蟹十萬八千里，前者一味大，肉質很粗；後者淡而無味。

我們叫的是三種蟹的套餐，先有一道與蟹無關的海膽。海膽只要新鮮，怎麼做都好吃。接下來的是蟹膏，哪來那麼多膏，而且是紫顏色的？原來是把一點點蟹膏混入大量麵粉中蒸熟的，不怕腥氣的人會喜歡吃它。第三個前菜是蒸雞蛋豆腐，上面鋪了些蟹粉。

主菜之前先來個炸蟹殼，這種在西餐中也常出現的菜，只要蟹肉加得多就好吃，盡加粢粉，很少蟹肉的，就是下下等。這裏的炸蟹殼，充滿肉。還有一籠三粒的蝦燒賣，蒸得很滑，味道不錯。

雙手拿起整隻阿拉斯加蟹的大蟹腿，像一根大木棍那樣抓著來吃，過癮是過癮，香甜倒是談不上。反而是烤花朕蟹美味，花朕蟹腳似蜘蛛，沒香港花蟹那麼肥，肉是一樣甜的。這隻蟹烤起來全身通紅，很美，有如花開，故名之。

日本師傅劏毛蟹的手藝高超，每一個部分都劈開。其實它的殼並不硬，只礙於通身是毛，咬起來感覺古怪，吃毛蟹一定要沾特別的醋，帶甜。要是醋做得好，蟹就能多吃；醋太酸或太鹹的話，便沒有胃口。醋調得好的話，就那麼喝也是極品，不過爲了醋而吃蟹，有點反客爲主的感覺。

最後上桌的蟹煲，把三種蟹都扔入沙鍋中煮，加白菜、豆腐、粉皮、冬菇等。吃完把剩料撈起來，留下清湯，加飯，煮爛，打隻雞蛋進去，煮成蟹粥，真鮮甜，可吃三大碗。

札幌市中央區南6條西7丁目
7 Chome, Minami 6jyo, Chuoku, Sapporo

☎ (81 11) 511 1410

🍽 鰻魚飯
Unagi (Eel) rice

FUTABA

等了好久才上桌，打開漆盒，一整條大鰻魚烤得又甜又香，鋪在飯上，真是誘人。

It is a long wait before the rice-box is finally placed on the table. Inside the box lies one whole BBQ eel that smells really nice and looks very mouth-watering.

在北海道吃了好幾餐螃蟹和魷魚刺身，有點悶，到了札幌，餐廳花樣多，要吃些什麽？結果決定吃鰻魚飯。哪一家最古老呢？我問。

"二葉。"星港旅遊的副社長小笠原說："戰前我已經去吃過。"

日本敗戰已有50年，可真是老店了。日本料理之中，每一個市鎮都有家鰻魚飯店。代代相傳，仍頑固地保持水準做下去。

餐廳開在札幌市紅燈區的附近，零零丁丁一家人，共有兩層。

爬上窄小的樓梯，二樓通常是榻榻米房間，等待中坐得比較舒服。好的鰻魚店一定得等，客人下定單之後才劏鰻魚，又蒸又燒，至少20分鐘。如果是即叫即上桌的鰻魚店，不去也罷，一定不夠好吃。

看菜單，日本人叫"御獻立"，只有寥寥數種選擇，分中、上、特三種，價錢由1600円到3300円，愈高級的店舖，愈沒那麽多花樣。我貪心地要了一客，還指定"特大"的那種，3800円。另外加一客烤鰻魚內臟，350円。

店裏生意並不好，只有我們幾個客。鰻魚夏天肥大，日本人認爲吃了才有精力，冬天就很少光顧。吃鰻魚是吃那層皮，它生命力強，什麽時候都有點肥膏，沒有問題的。

等了好久才上桌，打開漆盒，一整條大鰻魚烤得又甜又香，鋪在飯上，真是誘人。

鰻魚飯自古以來算是高級料理，當天婦羅和壽司都賣四五錢的年代，鰻魚要賣一円。女作家林英美子在她的處女作《放浪記》中說，每天辛辛苦苦地打工，也不過是數文錢，從不夠吃一盒鰻魚飯，只有拼命地進修，最後才出人頭地。有靈性的人，從食物中也能悟出道理。

札幌市千歲空港3樓
3F, Chitose Airport, Sapporo

☎ (81 12) 346 5656

🍽️ 天婦羅
Tempura

EBITEN 海老天

我先點了一些刺身下酒，北海道的北寄貝是最新鮮的了，還有一種像我們的響螺的貝殼類，肉質又爽脆又甜美。

I order some sashimi to go with the beer. The surf clam from Hokkaido is the freshest around, while the meat of another kind of shellfish, which looks like conch, is crunchy and sweet.

北海道的札幌空港，有全日本最大的商場，我們的團友做最後一分鐘的衝刺，大包小包買個不亦樂乎，尤其是一大瓶一公斤的牛奶，用塑膠盒包裝好，打不爛，大家都捧了幾瓶上飛機。

我來過好多次，對購物已無興趣，跑到三樓的餐廳街，找到我常光顧的一家叫"海老天"的天婦羅店。

普通客人都要一客套餐，賣得十分便宜。登機還早，我坐在櫃檯前面，一種種慢慢點，來幾瓶清酒，是消磨時間的最佳辦法。

炸天婦羅的鍋，為了免將滾油燙到客人，用一個半圓形的大鐵罩罩著，鐵罩上面沾滿了炸渣和油迹，這是愛乾淨的日本人很避忌的事。原因出於裝炸渣的桶放在鐵罩前面，大師傅撈起那些炸剩的廢料，經過鐵罩放入桶裏，所以弄得髒兮兮。

油很滾，炸蝦時沾了粉下鍋。那個表情畏懼的大師傅每將魚蝦放進鍋時，都像扔手榴彈那樣，一丟進去，即刻彈開，以防滾油爆炸出來弄傷身體。

唉，那都是因為他在剝殼後沒有用一張布或紙把蝦身的水分吸乾。水滴遇到滾油，才會炸開。連這一點也不懂，做什麼大師傅？

我先點了一些刺身下酒，北海道的北寄貝是最新鮮的了，還有一種像我們的響螺的貝殼類，肉質又爽脆又甜美。

接著就叫炸的東西了，當然由竹節蝦開始，再來比甜蝦大數倍的牡丹蝦。海膽也能用紫菜包裹來炸，外面天婦羅，裏面刺身。

多春魚炸得骨頭全脆，得厚的鮮魷也非常好吃，又來一片甜得漏糖的炸番薯。

皮炸得又厚又硬，技術九流，但內容一流，是整個機場最好吃的餐廳。

北海道函館市若松町10-9
10-9, Wakamatsucho, Hakodate, Hokkaido

☎ (81 13) 822 6843

DONAN SYOKUDO

道南
食堂

鯎鯎的肝，剛剛烤熟，熱騰騰的魚肝油從裏面滲出來，流得整個碟底紅紅的，以爲很腥，但一口咬下，絕對不遜法國鵝肝醬。

The fish liver is grilled until piping hot. Its oil, seeping out from within, forms a red layer on the plate. I thought the liver would smell fishy, but it actually tastes just as good as goose liver paste.

如果各位有機會到北海道的函館，一定要去"道南食堂"吃早餐。

這家小餐廳就在著名的朝市附近，逛了一圈，看著剛由漁船運來的海鮮之後，食慾大振。

市場後面有條食街，餐館林立，去哪一家呢？"道南"是首選。這裏的餐牌掛滿牆壁，有海膽丼。三文魚子丼和雜丼，雜丼是什麼東西新鮮就放什麼東西進去，大多數有海膽、三文魚子、螃蟹刺身、甜蝦和帆立貝。至於什麼叫熊丼，並不是吃熊肉，白飯上的料理是大熊喜歡吃的三文魚吧了。

如果你看不懂日文餐牌，那也不要緊，櫃檯上擺滿已經煮熟的魚，肥美得很。做法是鹽燒和醬煮，後者用醬油、清酒和糖來紅燒，特別惹味，也不太甜膩。

店裏賣的湯也有很多選擇，普普通通的豆腐昆布麵豉湯，喝了已經很滿足，其他有魚頭熬出來的吸物清湯，更是特別。還有許多壽司店中吃不到的魚內臟，像白子和魚春魚腸，煮的、燒的、焗的。鮟鱇的肝，剛剛烤熟，熱騰騰的魚肝油從裏面滲出來，流得整個碟底紅紅的，以為很腥，但一口咬下，絕對不遜法國鵝肝醬。

玻璃櫃可以由客人自己打開，裏面擺滿醃漬的蘿蔔、青瓜、茄子、甜薑等。函館做得最出名的一種，叫"松前漬"，將海帶切絲，中間放了一塊塊鯡魚的春，很有咬頭。這些泡菜，卻是讓你免費吃的，單單叫一碗白飯來配，老闆也笑嘻嘻的一句壞話都不說，還送你一碗麵豉湯。老闆的名字叫松居秀治。

客人多是魚市場的工作人員，一早把魚送到，所以五點半就要吃飯，還大喝啤酒。店開到中午12點半，已是漁夫們的深夜了。

東京中央區築地4-5-12
4-5-12, Tsukiji, Chuoku, Tokyo

☎ (81 3) 3543 4406

🍽 傳統壽司
Traditional sushi

EDOGIN 江戸銀

築地是個魚市場，在市場工作的人舌頭最刁，江戶銀就在市場附近，味道不會錯到哪裏。價錢普通，總之比外地吃生魚便宜。

東京港區新橋1-1-21今朝大廈2樓
2F, Imaasa Building, 1-1-21, Shinbashi, Minatoku, Tokyo

☎ (81 3) 3572 5286

🍽 壽喜燒
Sukiyaki (Japanese style beef pot)

今朝 IMAASA

從明治十三年就開到現在的老店，用的肉都是上等佳品。吃這東西日本人喜歡加糖，我們吃得太甜不是味道，最好的辦法是叫幾瓶日本清酒加在汁中，自然有甜味。

東京中央區銀座6-6-5
6-6-5, Ginza, Chuoku, Tokyo

☎ (81 3) 3571 1949

🍽 天婦羅
Tempura

TEN-ICHI 天一

炸蝦、炸魚本沒有什麼了不起，但是炸得一滴油也不剩，就不得不服人家了。"天一"也是家老店，遊客常去，但我不迷信"遊客一多，水準就差"這個說法。他們用的都是活生生的材料，這道菜最適合不敢吃生東西的人的胃口，但是價錢不便宜。

東京港區元赤坂1-5-8虎屋第二大廈地下
B1, Toraya dai 2 Building, 1-5-8, Akasaka, Minatoku,
Tokyo

☎ (81 3) 3403 3984

🕐 12nn-2pm, 5pm-9pm

🍽 懷石料理
Tea-ceremony dishes

辻留　TSUJITOME

所謂懷石，就是把一塊燒溫的石頭放在肚皮上暖腹。但現在只是一個名稱，不會再燙你的肚子。懷盤都是古董，一面欣賞，一面夾菜，永遠吃不飽。大力推薦給要減肥的女士們，並且要她們付出極高代價，每位600港幣。

東京台東區根岸2-15-10
2-15-10 Negishi Taitoku Tokyo

(81 3) 3873 1145

豆腐料理
Tofu (Bean curd)

SASA NO YUKI 笹之雪

現在庭園式的餐館已被建成高樓大廈，很可惜。不過喜歡吃豆腐的人還是不容錯過，由豆腐刺身到豆腐天婦羅等十幾品，品品皆豆腐，吃過之後包你看到豆腐掉頭就走，是豆腐戒毒所。

東京港區六本木3-4-27
3-4-27, Roppongi, Minatoku, Tokyo

☎ (81 3) 3585 6600

🍽 日本料理
Japanese food

筳 TAKAMURA

日本人把不能分類的菜都叫做日本料理。"筳"這家店相當特別,好像置身於竹林之中。餐廳裏吊著古色古香的掛鍋,壁上陳設著簑衣和竹帽。先來的是十種不同的山中野菜,吃完後跟著烤山鳩、麻雀、鵪鶉、野鴨等。酒是用竹筒盛住,注入竹杯裏。許多吃不慣日本菜的外國朋友都喜歡到那裏去試試,地方很難找,有了地址還需仔細問路。

東京中央區京橋2-4-12
第一生命大廈2樓
2F, Daiichiseimei, 2-4-12, Kyobashi,
Chuoku, Tokyo

☎ (81 3) 3272 0055

🍽 燒鰻魚
Unagi (eel)

CHIKUYO-TEI 竹葉亭

竹葉亭的舊址廣闊幽雅，現在搬到大廈樓上去，也佈置得脫俗。這家店的老闆代代相傳，父親教兒子的原則是不只對吃要有研究，而且一定要懂得茶道，更重要的是美，在美麗的環境下才能發揮食物最高的享受。最近由波士頓博物館運回來的"波濤圖屏風"原本就陳設在竹葉亭內。

燒鰻魚是挺合中國人口味的日本菜。他們對鰻魚的選擇要求特別高，每尾多少斤兩都要下一番功夫，所選鰻魚又肥又大。日本人吃的量比中國人少，吞下兩片鰻魚後就可以飽三天，真是誇張。

東京涉谷區代代木2-8-5
2-8-5, Yoyogi, Shibuyaku, Tokyo

☎ (81 3) 3379 5188

🍽 燒鳥
Yakitori (BBQ chicken)

烏茂 TORISHIGE

日本人的鳥，就是我們的雞。燒起來不像字眼上那麼難聽。這東西本來是戰後沒有肉吃，把雞碎肉和豬內臟串起來燒著賣的。偶而試之還好，多了會膩。代代木這家店保存著大牌檔味道，所以推薦。

東京台東區駒形1-7-12
1-7-12 Komagata Taitoku Tokyo

(81 3) 3842 4001

土鰍料理
Dojyo (Loach)

KOMAGATA DOJYO

駒形土鰍

在東京，這家店應該算是最老的吧，由享和元年創業至今，已有180年了。門面又黑又小，但走進去，又別有洞天，大廳與大廳之間有廣闊的庭院，穿和服的女招待穿梭，令你感到活在另一個世界裏。土鰍多骨，怕麻煩的人吃片開取骨的，味道當然比鰻魚差得多。土鰍與鰻魚是親戚，但身分不一樣，價錢也要便宜五分之四。有種柳川鍋，中間煮著雞蛋，聽說把活生生的土鰍扔進去，它們大喊熱熱熱，便鑽在雞蛋裏，我沒有親眼看過，不大相信。

233

東京目黑區下目黑1-1-2
1-1-2, Shimomeguro, Meguroku, Tokyo

☎ (81 3) 3491 9928

🍽 炸豬排
Tonkatsu (Deep fried pork)

豚記　TONKI

目黑這一區很平凡，沒有什麼好談的，除了去"豚記"吃豬排之外。這家店只賣炸梅肉和普通肉排兩種，沒有其他選擇。它越開越大，越大客人越擠，圍繞著一個四方型的木櫃檯坐下，後面一定站著人等你的位置。又不能訂座，每次去最少等15分鐘才有空位。櫃檯中間是廚房，老闆拿著長鐵筷，十年如一日地炸豬排給客人吃，越炸越香，價錢越炸越便宜，所以非去不可。

東京港區愛宕2-3-1
2-3-1, Atago, Minatoku, Tokyo

☎ (81 3) 3431 0811

🍴 精進料理
Vegetarian food

DAIGO 醍醐

精進料理一點也不精進，等於是吃齋。植物蛋白和油用得一大堆，味精更是不少，吃完口渴得要命。專此介紹給素食者，這餐館在青松寺內，庭園非常幽雅，是一面吃菜味一面感禪味的好地方。

東京台東區龍泉1-2-11
1-2-11 Ryusen Taitoku Tokyo

☎ (81 3) 3872 0375

🍴 普茶料理
Chinese food, Vegetarian food

梵 BON

所謂普茶料理，和精進料理一樣，也是齋菜。它發源於京都宇治的黃檗山萬福寺。黃檗山和臨濟宗以及曹洞宗，是禪宗的三大派。這裏的齋菜深受中國素食影響，它位置鷙神社的右邊，每年到了廟會，信者便會去那裏求神消災。這地方非常幽靜，老闆娘是松前藩城主的後裔，不是爲了賺錢而開店的。她做的菜又細膩又美麗，令人捨不得吃。這裏的女招待也多是爲了興趣而來的，對茶道很有研究。爲什麼我介紹來介紹去還是吃齋呢？醉翁之意不在酒，客人多是甚有教養的名門閨秀，漂亮的不少，嘿嘿。

🏠 東京千代田區平河町2-5-5全國旅館
會館5-6樓
5-6F, Zenkoku Ryokankaikan, 2-5-5,
Hiragacyo, Chiyodaku, Tokyo

☎ (81 3) 3263 9371

🍴 樟茶鴨
Chinese food (Water hen cold dish)

SHISEN HANTEN 四川飯店

講了那麼多日本菜，不要說吃，看也看膩了。中國人還是中國人，最後還是回去吃中國菜。原店在田村町，後來六本木又開了一家，現在赤坂這一間的大師傅最好。做的樟茶鴨，印象深刻。張大千生前在東京，只在這家飯店吃東西。

特 別 介 紹

香港、台灣、馬來西亞讀者可以該地貨幣購書，
我們的書籍也以美元定價。請參考本公司網上書店。

《音樂的遐思》
李歐梵著
ISBN 981-4139-34-3

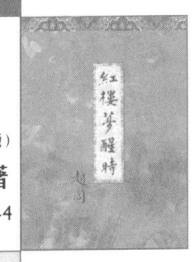

《紅樓夢醒時》(第二版)
趙同著
ISBN 1-879771-59-4

《胡溫新政：中国变革的新动力》
郑永年著
ISBN 981-4139-15-7

推薦網站：全球華人專業人士網絡
www.networkchinese.com

簡體版
《吃到天涯》
ISBN 7-5012-2125-1
融融、袁路明主編
世界知識出版社出版
八方文化創作室代銷

歡迎瀏覽本公司網上書店查閱其他書刊及優惠配套

www.globalpublishing.com.sg

八方文化創作室

作　者	蔡瀾
企劃編輯	潘國駒
責任編輯	李韋葶
翻　譯	張謙勤
封面／內頁設計	何美嬌
排　版	何秀雲　李麗芳
出版／發行	八方文化創作室
	（世界科技出版公司之附屬機構）
	5 Toh Tuck Link, Singapore 596224
	www.globalpublishing.com.sg
聯　絡	65-64665775 支綫 416/464
	chpub@wspc.com
印　刷	深圳市德信美印刷有限公司
初　版	2005 年 2 月
國際書號	981-4139-33-5
版權所有	© 2005 八方文化創作室

書中食肆照片由相關食肆提供，特此鳴謝。

食肆資料，以印刷時爲準。若有更動，恕不負責。

八方文化創作室，簡稱八方文化，以母公司世界科技出版公司爲後盾，致力於推動新加坡的中文出版，並且放眼全球華裔的人文舞臺。我們的重心在於介紹世界各地華人學者及作家的言論與著作，同時也積極推動各類藝術與文化活動。八方文化期望以出版良心作信念，以高素質爲訴求，爲各地中文讀者開啓多一扇東西文化的窗戶，共同努力營造一個富有質感和充滿活力的人文空間。

世界科技出版公司總部及海外分公司

新加坡(總部)
World Scientific Publishing Co. Pte. Ltd
5 Toh Tuck Link
SINGAPORE 596224

新澤西
27 Warren Street
Suite 401–402, Hackensack
NJ 07601, USA

倫敦
57 Shelton Street
Covent Garden, London
WC2H 9HE, ENGLAND

北京
中國北京市西城區
德外大街 4 號 B 座 312 室
郵編 100011

上海
中國上海灘國際大廈
黃浦路 99 號 2003 室
郵編 200080

香港
九龍中央郵箱 72482
香港

台北
台灣台北市
新生南路三段
88 號 5 樓之 6

真奈
No.16, South West Boag Road
T. Nagar, Chennai 600 017
INDIA